CHRISTOPH MERKER

Hochgefühl im Berchtesgadener Land

66 LIEBLINGSPLÄTZE
und 11 Gipfel

CHRISTOPH MERKER

Hochgefühl im
Berchtesgadener
Land

VON BERGEN, KÜHEN UND MENSCHEN

Sofern hier nicht aufgeführt, stammen alle Bilder vom Autor Christoph Merker:
Helmut Limmer 80

Autor und Verlag haben alle Informationen geprüft. Gleichwohl wissen wir, dass
sich Gegebenheiten im Verlauf der Zeit ändern, daher erfolgen alle Angaben ohne
Gewähr. Sollten Sie Feedback haben, bitte schreiben Sie uns! Über Ihre Rückmel-
dung zum Buch freuen sich Autor und Verlag: lieblingsplaetze@gmeiner-verlag.de

Besuchen Sie uns im Internet:
www.gmeiner-verlag.de

© 2013 – Gmeiner-Verlag GmbH
Im Ehnried 5, 88605 Meßkirch
Telefon 075 75/2095-0
info@gmeiner-verlag.de
Alle Rechte vorbehalten
1. Auflage 2013

Lektorat: Claudia Reinert
Satz: Julia Franze
Umschlaggestaltung: U.O.R.G., Lutz Eberle, Stuttgart
unter Verwendung eines Fotos von Christoph Merker
Bildbearbeitung: Alexander Somogyi
Kartendesign: Mirjam Hecht
Druck: AZ Druck und Datentechnik GmbH, Kempten
Printed in Germany
ISBN 978-3-8392-1472-5

INHALTSVERZEICHNIS

Lebendige Tradition und umwerfende Landschaft ///
Vorwort 10

1   Ein Hauch von Italien /// *Laufen – Marienplatz* 15
2   Die Kirche, der ein Stück fehlt ///
     Laufen – Stiftskirche 17
3   In der Mitte verläuft die Grenze ///
     Laufen – Europasteg 19
4   Von hier aus in die ganze Welt ///
     Oberndorf – Stille-Nacht-Kapelle 21
5   Immer am Wasser entlang /// *Laufen – Salzachufer* 23
6   Schwimmer oder Fischer? ///
     Saaldorf-Surheim – Abtsdorfer See 25
7   Ein Wohnzimmer für Vögel ///
     Saaldorf-Surheim – Haarmoos 27
8   Märchenhaftes aus Holz ///
     Saaldorf-Surheim – Bei der Holzbildhauerin 29
9   Der alte Brauch des Aperschnalzens ///
     Saaldorf-Surheim – Schnalzerbrunnen 31
10   Landurlaub in der Idylle ///
     Saaldorf-Surheim – Paulbauernhof 33
11   Mehr als nur Bier ///
     Teisendorf – Brauerei Wieninger 37
12   Kleiner Ort voller Geschichte ///
     Anger – Wallfahrtskapelle Vachenlueg 39
13   Kloster, See und Wirtshaus in bester Dreieinigkeit ///
     Anger – Höglwörth 41
1/11 Per Rad zum Gipfel strampeln /// *Teisenberg* 43
14   Faszination Bahn auf 20 Gleisen ///
     Freilassing – Lokwelt 45
15   Stadt der vielen Plätze /// *Salzburg – Residenzplatz* 47

16 Natur aus zweiter Hand /// *Ainringer Moos* 49

17 Frisch vom Baum in die Flasche ///
Piding – Kelterei Stadler 51

18 Alter Kultplatz und frisches Bier ///
Piding – Johannishögl 53

19 Durch Bilder glauben lernen ///
Bad Reichenhall – Kloster St. Zeno 55

20 Seit 160 Jahren macht es ›pling‹ ///
Bad Reichenhall – Alte Saline 57

21 Sitzen, schauen, schnaufen ///
Bad Reichenhall – Königlicher Kurgarten 59

22 Seeluft mitten in den Bergen ///
Bad Reichenhall – Gradierwerk 61

23 Musikvergnügen fast jeden Tag ///
Bad Reichenhaller Philharmonie 63

Sprudelnde Lebensquellen ///
Brunnenstadt Bad Reichenhall 64

24 Raum für das Himmlische Jerusalem ///
Bad Reichenhall – Evangelische Stadtkirche 67

25 Mozarts süßeste Seite ///
Bad Reichenhall – Café Reber 69

2/11 Linksrum, rechtsrum, rundumadum /// *Hochstaufen* 71

26 Ein Stück gute alte Zeit ///
Bad Reichenhall – Florianiplatz 73

27 Schweinsbraten mit Diplom ///
Bad Reichenhall – Kochstudio Josef Scholz 75

28 Alt, aber sicher ///
Bad Reichenhall – Predigtstuhlbahn 77

29 Beim Madlbauern auf seiner Wiese ///
Bad Reichenhall – Thumsee 79

30 Klettergarten der Huberbuam ///
Bad Reichenhall – Klettergebiet Karlstein 81

31 Fast wie im Paradies ///
Schneizlreuth – Aschauer Klamm 83

Solange der König schläft /// *Untersberg* 86

32 Sommerspaß und Wintervergnügen ///
Bischofswiesen – Aschauerweiher 89

33 Mit Rapunzel auf Augenhöhe ///
Bischofswiesen – Märchenpfad 91

34 Weiße Pracht für die ganze Familie ///
Bischofswiesen – Skigebiet Götschen 93

35 Kraxeln für alle ///
Bischofswiesen – Bergsteigerhaus Ganz 95

Gut vorbereitet zum Gipfelglück /// *Sicher am Berg* 96

36 Wilde Gesellen in Fell und Stroh ///
Bischofswiesen – Buttnmanndllaufen in der Strub 99

37 Der versteinerte böse König ///
Bischofswiesen – Bachmannkapelle 101

3/11 Der alles beherrschende Berg /// *Watzmann* 103

38 Steine in Bewegung /// *Ramsau – Wimbachgries* 105

39 Schöner Lieferant für Holz und Laub ///
Ramsau – Bergahorn 107

40 Auf den Schlitten, fertig, los! ///
Ramsau – Hirscheckblitz 109

4/11 Hoch und kalt und trotzdem schön /// *Hochkalter* 111

41 Ein sehr geduldiges Modell ///
Ramsau – Kirche St. Sebastian 113

42 Was fürs Auge und für den Gaumen ///
Ramsau – Bauerngarten am Klausbachhaus 115

43 Künstler wissen, wo es schön ist ///
Ramsau – Malerweg 117

44 Knochenjob in Traumlandschaft ///
Ramsau – Schapbachalm 119

45 Im Stein verborgene Botschaften ///
Berchtesgaden – Romanischer Kreuzgang 121

46 Ein Rundgang durch verschiedene Kunststile ///
Berchtesgaden – Königliches Schloss 123

5/11   Der Berchtesgadener Sonntagsberg /// *Kneifelspitze* 125

47   Kühler Stollen und alter Pulverturm ///
Berchtesgaden – Salzbergwerk Rundweg 127

48   Vom Boandlschneider und Filigrandrechsler ///
Berchtesgaden – Schloss Adelsheim 129

49   Leckeres frisch vom Hof /// *Berchtesgaden –*
Bauernmarkt am Weihnachtsschützenplatz 131

50   Sehen, lernen, schützen ///
Berchtesgaden – Haus der Berge 133

51   Blau und weiß wie der bayerische Himmel ///
Berchtesgaden – Bei der Töpferin 135

Täterort in schönster Landschaft ///
Der Obersalzberg im Dritten Reich 136

52   Schwere Geschichte eindrucksvoll aufbereitet ///
Berchtesgaden – Dokumentation Obersalzberg 139

6/11   Gipfel mit Busanbindung /// *Kehlstein* 143

53   Bunte Blumen, die auf Holz wachsen ///
Berchtesgaden – Bei der Schachtelmalerin 145

7/11   Der Berg für alle Fälle /// *Grünstein* 147

54   Hier lacht man nicht über, sondern mit den Bayern ///
Berchtesgadener Bauerntheater 149

55   Wo das ›Oarschpfeifenrössl‹ am Christbaum hängt ///
Berchtesgaden – Adventmarkt im historischen Markt 151

56   Vegetarischer Genuss der Extraklasse ///
Berchtesgaden – Biohotel Kurz 153

57   Aus tiefem Meer in hohe Berge ///
Berchtesgaden – Beim Kugelmacher 155

58   Autofahren auf hohem Niveau ///
Berchtesgaden – Roßfeldpanoramastraße 157

8/11   Der Berg für Faule /// *Jenner* 159

59   Dem Kuno sein See ///
Schönau am Königssee – Blick von der Rabenwand 161

9/11   Ein Zweitausender der leichten Art /// *Schneibstein* 163

60   Mit Muskelkraft übern See ///
     Schönau am Königssee – Rudern auf dem See 165
10/11 Das Kreuz am Gipfel /// *Hoher Göll* 167
     Warum gehen wir eigentlich auf Berge? ///
     Gipfelglück 168
61   Rasant durch den Eiskanal /// *Schönau am Königssee –*
     Rennbob-Taxi in der Kunsteisbahn 171
11/11 Durchs Mausloch muss sich jeder zwängen ///
     Kahlersberg 173
62   Kittel, Pfoad und Röcki /// Schönau am Königssee –
     Bei der Trachtenschneiderin 175
63   Aus Dankbarkeit, hier leben zu dürfen ///
     Schönau am Königssee – Marterl und Hauskreuze 177
64   Wenn Wasser wild wird ///
     Marktschellenberg – Almbachklamm 179
65   Ein Bild sucht sich seinen Platz ///
     Marktschellenberg – Wallfahrtskirche Ettenberg 181
66   Gefrorene Kunstwerke im Eiskeller ///
     Marktschellenberg – Schellenberger Eishöhle 183

     Karten .... 184 – 187
     Register 188

LEBENDIGE TRADITION
UND UMWERFENDE LANDSCHAFT
Vorwort

Der beste Werbespruch für das Berchtesgadener Land stammt von Schriftsteller Ludwig Ganghofer. ›Wen Gott liebt, den lässt er fallen in dieses Land‹, hat er über die Region gesagt. Dass er damit recht hat, ist für die Menschen, die hier leben, und für die vielen Gäste, die es besuchen, völlig klar. Vom lieblichen Voralpenraum bis hin zur dramatischen Bergwelt spannt sich der landschaftliche Bogen. Die Natur hält hier Festspiele und spielt dabei selber die größte Rolle.

Der vielleicht schönste Platz ist der alte Kreuzgang des ehemaligen Augustiner Chorherrenstifts in Berchtesgaden. Bedächtige Ruhe strahlt er aus und mit seinen romanischen Säulen bildet er einen wichtigen historischen Ort. Hier gründete Propst Eberwein vor mehr als 900 Jahren das erste Kloster, womit die Besiedlung des Berchtesgadener Tals begann. Doch die Natur zeigte sich unerbittlich und schon nach einem Jahr verließen die Mönche die raue Gegend wieder. Erst elf Jahre später fassten sie erneut Fuß und bauten das Kloster auf. So wenigstens behauptet es die Legende. Doch es ist gut vorstellbar, dass die Bergwelt es den Mönchen nicht leicht machte. Sie dominiert alles und das Leben muss sich ihr unterordnen. Ein wenig ist es heute nicht anders. Jeder erfahrene Bergwanderer weiß, wie schnell das Wetter in den Bergen umschlagen kann. Selbst Schneefall in Höhenlagen kann man im Sommer nicht ausschließen. Die Natur gibt den Rhythmus vor und die Menschen hier haben gelernt, nicht gegen, sondern mit ihr zu leben. Die Kultur, die Tradition und die Bräuche sind dem Jahreskreislauf angepasst. Das verleiht dem Berchtesgadener Land etwas Ursprüngliches und das macht auch seinen besonderen Reiz aus. Natürlich gibt es alle Errungenschaften der modernen Welt, doch etwas von der Urtümlichkeit der Natur hat auf seine Bewohner abgefärbt und sie haben es sich bis heute bewahrt. Angesichts der imposanten Bergwelt wird der Mensch in seine Schranken verwiesen. Da verliert man nicht schnell die Bodenhaftung. Genau diese Bodenständigkeit ist es, die den Feriengästen und Urlaubern so gefällt.

Seitdem die Maler des 19. Jahrhunderts die landschaftliche Schönheit der Region mit ihren Bildern in ganz Europa bekannt machten, hat sich das Berchtesgadener Land als beliebte Ferienregion etabliert. Fuhr man früher zur Sommerfrische, so nennt man es heute Urlaub. Doch der Zweck ist derselbe geblieben – Erholung zu finden und die Batterien wieder aufzuladen. Gelegenheiten gibt es dafür mehr als genug. Man kann in einem der zahlreichen Seen schwimmen gehen, mit dem Rennrad die Gegend erkunden oder mit dem Mountainbike die Berge hinaufstrampeln, bis die Waden brennen. Für die Bergwanderer gibt es eine Fülle an Möglichkeiten. Von leichteren Touren wie auf den Teisenberg bis hin zur anspruchsvollen Watzmannüberschreitung, hier kann jeder nach Herzenslust und Ausdauer wandern. Wem das Wandern nicht reicht, der kann einen der Klettersteige gehen oder sich gar an der weltberühmten Ostwand versuchen. Doch aufgepasst, sie ist nur etwas für erfahrene Bergsteiger. Genug vom Sport? Dann lädt das Gradierwerk in Bad Reichenhall zum Flanieren ein, während man die mit Sole angereicherte gesunde Luft tief einatmet. Der prächtige Kurgarten ist schön anzuschauen und wenn die Bad Reichenhaller Philharmonie zum Kurkonzert bittet, haben auch die Ohren Urlaub.

Neben der Natur gibt es aber auch zahlreiche kulturelle Highlights. So ist die Laufener Stiftskirche die älteste gotische Hallenkirche Süddeutschlands. Von der tiefen Volksfrömmigkeit zeugen die vielen Devotionalien in der idyllisch gelegenen ehemaligen Wallfahrtskapelle in Vachenlueg. Die Menschen im Berchtesgadener Land wussten schon immer, dass dieser Landstrich etwas Besonderes ist. Schöne Ausblicke gibt es hier allerorten, man muss eigentlich nur die Augen aufmachen. Da kann ein Steinbock plötzlich vor einem stehen oder man entdeckt gleich neben dem Weg einen tiefblau blühenden Enzian. Wunder und Wunderschönes kann hier jeder finden, der sich in dieses Land hineinfallen lässt.

DER SALZTRANSPORT AUF DER SALZACH HAT LAUFEN REICH GEMACHT.

EIN HAUCH VON ITALIEN
Laufen – Marienplatz

Mitten in der prägnanten Flussschleife der Salzach liegt die schöne Altstadt von Laufen. Ihre Straßen zeigen noch heute ihren spätmittelalterlichen Verlauf und die Häuser stammen meist aus dem 17. Jahrhundert. Die großen Patrizierhäuser zeugen von dem Reichtum, der einmal in der Stadt herrschte. Der Salztransport auf dem Fluss hatte Laufen reich gemacht. Jahrhunderte hatten die Laufener Patrizierfamilien das Schiffherren-Privileg inne. Nur sie durften zwischen Reichenhall und Hallein das dort gewonnene Salz auf der Salzach bis nach Laufen transportieren. Die vor Laufen gelegenen Stromschnellen machten ein Umladen des Salzes nötig, was eine wichtige Einnahmequelle darstellte. Es entwickelte sich ein reges wirtschaftliches Leben.

Als im 19. Jahrhundert Laufen zu einem unbedeutenden Grenzort zusammenschrumpfte, da die Verkehrswege sich zugunsten der Eisenbahn verlagerten, stagnierte Laufens Entwicklung. Glücklicherweise, möchte man sagen, denn deswegen blieb es von weitreichenden Veränderungen verschont und zeigt sich heute in seinem historisch bemerkenswerten Zustand.

Den Mittelpunkt der Altstadt bildet der Marienplatz mit seiner Mariensäule. Dass man sich an eine italienische Piazza erinnert fühlt, kommt nicht von ungefähr: Waren es doch oberitalienische Baumeister, die den Inn und die Salzach entlang ihr Handwerk ausübten und ihren Baustil mitbrachten. Typisch sind die hohen Blendfassaden, die ein Übergreifen des Feuers bei Bränden verhindern sollten. Die Dächer dahinter waren so besser vor Funkenflug geschützt.

Vom Marienplatz führt die Salzachbrücke hinüber nach Oberndorf. Die 1901 bis 1903 gebaute Hängebrücke aus Eisen besticht durch ihre Jugendstilornamentik. Ein Spaziergang über die 165 Meter lange Brücke gehört zum Pflichtprogramm, bevor man sich auf dem Marienplatz zu einem Kaffee niederlässt.

⌨ Es gibt eine historische Laternenführung durch die Altstadt Laufens. Ein Nachtwächter erzählt bei dem romantischen Rundgang aus der Geschichte der Stadt.

STIFTSKIRCHE /// ROTTMAYR PLATZ /// 83410 LAUFEN ///

DIE KIRCHE, DER EIN STÜCK FEHLT

Laufen – Stiftskirche

Der Kunsthistoriker in mir ist entsetzt. Ich stehe im Mittelgang der Laufener Stiftskirche und sehe – nichts. Eigentlich müsste das Hauptschiff in einem halbrunden Chor enden, so wie es sich für eine ordentliche Kirche gehört, vor allem wenn es sich um die älteste gotische Hallenkirche Bayerns handelt. Aber Fehlanzeige. Die Stiftskirche Zu unserer Lieben Frau hat keinen Chor! Skandal, möchte man rufen. Anscheinend gab es schon im Mittelalter Pfusch am Bau. Einer Kirche mit so wunderbaren Bündelpfeilern, die das mächtige Kreuzrippengewölbe tragen, fehlt einfach ein Stück.

An Geldmangel kann es nicht gelegen haben. Wurde der 1330 begonnene Bau doch schon nach acht Jahren fertig dank einer großzügigen Spende des Ritters Heinrich von Lampoding. Sein Wappen, die fünfblättrige Rose, ziert als Dank deswegen viele Schlusssteine des Gewölbes. Auch war es kein reiner Neubau, denn Teile des romanischen Vorgängerbaus, wie der Kirchturm, wurden in den Neubau einbezogen. So sparte man sich Geld. Der früher an drei Seiten frei stehende 57 Meter hohe Turm wurde ganz in die Westwand integriert, was man heute noch am Mauerwerk erkennen kann. Warum also die plötzliche Sparsamkeit gerade an der wichtigsten Stelle?

Die Erklärung ist schnell gefunden, allerdings nicht in der Kirche, sondern draußen: Die Stiftskirche steht direkt an der Salzach und der Platz für einen Chor fehlt schlichtweg. In das weiche Flussufer konnte man keine Fundamente legen. Gut, das beruhigt uns und zurück in der Kirche betrachten wir die Innenausstattung. Der barocke Hochaltar passt nicht so ganz in das wiederhergestellte mittelalterliche Raumbild. Doch der Barock hat sich in Bayern gerne breitgemacht. Sehenswert ist das Altarbild im rechten Seitenschiff. Geschaffen hat es Laufens berühmtester Sohn, der Barockmaler Johann Michael Rottmayr.

✍ Empfehlenswert ist eine Kirchenführung, bei der auch die vielen Grabsteine im Laubengang erläutert werden – und der sehenswerte Stiftsschatz.

EUROPASTEG /// GORDIAN-GUCKH-STRASSE /// 83410 LAUFEN ///

Bei Niedrigwasser sieht man die alten hölzernen Brückenpfeiler. Sie sind Zeugen der langen Brückentradition zwischen Laufen und seinem ehemaligen Vorort Oberndorf. Für viele Jahrhunderte war die Brücke der einzige Übergang über die Salzach zwischen Salzburg und Tittmoning. Doch die vielen Hochwasser, alleine vier Ende des 19. Jahrhunderts, beschädigten die Brücke immer wieder, bis sie 1899 sogar ganz einstürzte. Schließlich wurde an weniger hochwassergefährdeter Stelle die eiserne Salzachbrücke gebaut und sogar der Ort Oberndorf etwas flussaufwärts verlegt, um ihn vor Hochwasserschäden zu schützen.

Hochwasser kann dem 2006 gebauten Europasteg nichts anhaben, da er sich frei über die Salzach schwingt. Er führt hinüber zur Nepomukstatue und der Kalvarienbergstiege, an deren Ende eindrucksvoll die Kalvarienkapelle mit ihrer Kreuzigungsszene steht. Mitten auf der Fußgängerbrücke befindet sich die Landesgrenze. ›Freistaat Bayern‹ und ›Land Salzburg‹ sind als Schriftzüge entlang der Grenze auf dem Brückenboden eingelassen. Mit einem Schritt ist man in Österreich und mit einem wieder zurück in Deutschland. Es ist ein gutes Symbol für das Zusammenwachsen in Europa – kein Grenzbeamter fragt hier nach dem Ausweis.

Springen Sie ein paar Mal zwischen den Ländern hin und her und steigen Sie dann die 139 Stufen der Kalvarienstiege hinauf. Ein wenig außer Atem oben angelangt, genießen Sie den herrlichen Ausblick auf die mittelalterliche Stadt und die Salzach, die sie umfließt. Wer will, kann von dort oben in zehn Minuten die Wallfahrtskirche Maria Bühel erreichen und bei entsprechend klarem Wetter bis in die Alpen schauen. Zurück am Fuße der Stiege bietet es sich an, einen Abstecher nach Alt-Oberndorf zu machen. Ein paar der alten kleinen Schifferhäuser sind noch erhalten und gleich dahinter liegt der Stille-Nacht-Bezirk.

✍   Es gibt einen 2-Städte-Rundweg durch Laufen und Oberndorf. Auf 21 Infotafeln werden die Geschichte und die wichtigsten Sehenswürdigkeiten der historisch zusammengehörigen Städte erläutert.

TOURISMUSVERBAND OBERNDORF /// **STILLE-NACHT-PLATZ 2** ///
5110 OBERNDORF BEI SALZBURG /// **00 43 / 62 72 / 44 22** ///
WWW.STILLENACHT-OBERNDORF.AT ///

VON HIER AUS IN DIE GANZE WELT

Oberndorf – Stille-Nacht-Kapelle

Da bis 1816 Oberndorf ein Stadtteil von Laufen war, gehört es einfach dazu. Deswegen muss man unbedingt über eine der Brücken gehen und am Salzachufer entlang bis zur Stille-Nacht-Kapelle spazieren, um den Ort aufzusuchen, an dem zum ersten Mal das bekannteste Weihnachtslied der Welt erklang – ›Stille Nacht, heilige Nacht‹.

Es war der 24. Dezember 1818, als der Hilfspfarrer Joseph Mohr den Schullehrer Franz Gruber bat, zu einem von ihm verfassten Gedicht eine Melodie mit Gitarrenbegleitung zu komponieren. Gruber, der gleichzeitig den Organistendienst in der St.-Nikolaus-Kirche in Oberndorf versah, vertonte das Gedicht bis zum Abend und in der Christmette erklang es zum ersten Mal. Der Pfarrer spielte auf der Gitarre und sang mit dem Schullehrer dazu.

Die Gitarrenbegleitung war nötig, da die alte Orgel der Kirche ihren Geist aufgegeben hatte. Ob eine hungrige Kirchenmaus dafür verantwortlich war, die in ihrer Not den Blasebalg angeknabbert hatte, weiß man nicht, denn das ist nur eine der vielen Legenden, die sich um die Entstehung des Liedes ranken. Sicher ist nur, dass das Lied in seiner einfachen, aber ergreifenden Stimmung bei den Gottesdienstbesuchern gut ankam.

Als Karl Mauracher, ein Orgelbauer aus dem Zillertal, nach Oberndorf kam, um eine neue Orgel einzubauen, lernte er dieses Lied kennen und nahm es mit in seine Heimat. Dort wurde es schnell bekannt und beliebt. Als ›Tiroler Volkslied‹ verbreitete es sich über Deutschland weiter nach Amerika und schließlich über die ganze Welt, bis die beiden eigentlichen Urheber herausgefunden wurden. Der Ort der Uraufführung, die St.-Nikolaus-Kirche, war infolge von schweren Überschwemmungen damals schon abgerissen worden. An ihrem Platz steht nun die Stille-Nacht-Kapelle und ein Denkmal, das den Komponisten Gruber und den Dichter Mohr zeigt.

✑ Im Stille Nacht und Heimatmuseum in Oberndorf ist alles Wissenswerte um die Entstehung und Verbreitung des Weihnachtsliedes ausgestellt.

IN DEN SALZACHAUEN LIEGT DAS
SCHLOSS TRIEBENBACH /// TRIEBENBACH 31 /// 83410 LAUFEN ///
WWW.SALZACHFESTSPIELE.DE ///

Sie trainieren für den nächsten Marathon? Oder wollen Sie einmal so richtig Power-Walking machen? Aber auch wenn man nur ein wenig mit den Kindern radeln will, ist das Salzachufer genau das Richtige für Sie. Hier kann man sich nach Herzenslust den Uferweg entlang mehr oder weniger intensiv sportlich betätigen. Von Laufen aus gibt es eine ausgeschilderte Salzachrunde. Sie ist 8,3 Kilometer lang und führt auch an Schloss Triebenbach vorbei, in dem Mozart oft weilte.

Auf Höhe Triebenbachs, bei Flusskilometer 51,9 um genau zu sein, rauscht die Salzach mehr als sonst. Das liegt an der Sohlabstufung, die in das Flussbett eingebaut wurde. Das Modellprojekt soll die Flusssohle um zwei Meter anheben und gleichzeitig eine weitere Eintiefung verhindern, um die Salzach mit den angrenzenden Auen wieder besser zu verbinden. Über verschiedene Rampen fließt nun die Salzach hinweg, was sie richtig zum Rauschen bringt. Die neu gebauten sogenannten ›weichen Ufer‹ laden dazu ein, sich ein wenig auf die großen Steine zu setzen. Wie leicht man da ins Sinnieren kommt. Man kann niemals zweimal in den gleichen Fluss steigen, stellte schon der griechische Philosoph Heraklit fest.

Es braucht nicht viel Fantasie, um sich die Salzsäumer vorzustellen, die jahrhundertelang das Salz den Fluss entlangtransportierten – auf flachen Kähnen ohne Kiel, Plätten genannt, eben weil sie so platt waren, um nicht an den tückischen Sandbänken stecken zu bleiben. Das Salz brachte Wohlstand in die Region und gab dem Fluss seinen Namen. In die eine Richtung geht es nach Salzburg, in die andere weiter nach Tittmoning und nach Burghausen, bis die Salzach in den Inn und der wiederum in die Donau mündet. Das Salz fand so seinen Weg nach Wien und von dort weiter bis nach Ungarn. Doch keine Angst, so weit müssen Sie wirklich nicht joggen.

Im Schloss Triebenbach finden im Sommer die Salzach Festspiele statt. Die Theater- und Konzertaufführungen erlebt man im Schlosshof unterm Sternenhimmel.

CAMPING UND STRANDBAD ABTSDORFER SEE /// ABTSEE 15 ///
83405 LAUFEN /// 0 86 82 / 95 68 78 ///

Als sich der Salzachgletscher nach der letzten Eiszeit zurückzog, hinterließ er Seen und Moore. Der Abtsdorfer See ist so ein Relikt, das sich zu einem beliebten Ausflugsziel für zwei Arten von Menschen entwickelt hat: Schwimmer und Fischer.

Die Schwimmer stürzen sich vom Ufer aus in den See und ziehen ihre Bahnen. Der Abtsdorfer See, von den Einheimischen kurz Abtsee genannt, gilt als einer der wärmsten Seen in Bayern. Es gibt ein Strandbad mit Liegewiese und einer bewirteten Seeterrasse, dem Badevergnügen steht also nichts im Wege. Wer sich etwas sportlich betätigen möchte, kann rund um den See gehen, laufen oder radeln. Dabei ergeben sich immer wieder reizvolle Ausblicke. Im See liegt die Insel Burgstall. Im Mittelalter befand sich darauf eine Burg, deren Burgherren, die von Kuchel, als Raubritter galten. Von der Burg ist allerdings nichts mehr übrig und die Raubritter heute tragen keine Ritterrüstung mehr, sondern Nadelstreifenanzüge.

Neben den Schwimmern und Badegästen ist der See vor allem bei Fischern sehr beliebt. Regelmäßig werden große Raubfische wie der Waller gefangen. Der kapitalste, der allerdings mit dem Netz gefangen wurde, wog satte 98 Kilogramm. Die Hechte im See wiegen bis 15 und die Zander bis zu 10 Kilogramm. Am leichtesten sind die Barsche, aber auch die bringen noch bis knapp ein Kilogramm auf die Waage. Also eine Ausgangslage, die das Fischerherz höher schlagen lässt. Neben Aalen gibt es verschiedene Karpfenarten, die bis über 20 Kilogramm erreichen können. Für Nichtmitglieder mit in Bayern gültigem Fischereischein besteht die Möglichkeit, Gästekarten zu erwerben. Man darf vom Ufer oder vom Boot aus fischen. Und wer weiß, vielleicht halten Sie bald einen großen Fisch an der Angel. Ansonsten bemühen Sie eben das Anglerlatein.

🖎 Die tiefste Stelle beträgt nur 20 Meter, deswegen erwärmt sich der Abtsdorfer See so schnell.

WEITERE AUSKÜNFTE ZUM HAARMOOS ERTEILT DIE TOURIST-INFO SAALDORF-SURHEIM /// MOOSWEG 2 /// 83416 SAALDORF-SURHEIM /// 0 86 54 / 63 07 16 /// WWW.SAALDORF-SURHEIM.DE ///

Die Vögel lieben die feuchten Wiesenflächen des Haarmoos. Denn hier finden die Wiesenbrüter ideale Bedingungen: Ihre Nester sind in den Boden gescharrte Mulden, in die sie ihre Eier legen. Deswegen ist es so wichtig, die Wege nicht zu verlassen und Hunde nicht frei laufen zu lassen, um die brütenden Vögel nicht aufzuschrecken. Zumal die meisten der Wiesenbrüter im Haarmoos zu den bedrohten Arten gehören.

Zu ihnen zählt der Kiebitz, der durch seinem akrobatischen Flug auffällt, oder der Große Brachvogel mit seinem langen, gebogenen Schnabel. Die Bekassine wird im Volksmund auch ›Himmelsziege‹ genannt, denn ihr Gesang erinnert an das Gemeckere einer Ziege. Den scheuen Wachtelkönig wird man kaum zu Gesicht bekommen. Man kann ihn nur an seinem ›krex-krex‹ erkennen, das er nachts ertönen lässt.

Entstanden ist das Haarmoos 1773 aus der Trockenlegung des Haarsees, der wiederum eine Hinterlassenschaft des Salzachgletschers in der letzten Eiszeit war. Das landschaftlich reizvolle Niedermoorgebiet mit seinen malerischen Heustadeln kann auf einem Rundweg erkundet werden. Es gibt dazu zwei Möglichkeiten. Einmal führt ein Weg durch das südliche Moos, dabei kommt man an einem Beobachtungsstadel vorbei. Die andere Runde geht rund um den Abtsdorfer See. An diesem Rundweg liegt die Aussichtsplattform, von der aus man auf einer erhöhten Warte über das ganze Moor blicken kann. Der Infostadel findet sich ein Stück weiter, er ist an die Bauweise der vielen kleinen Heustadel im Moor angepasst. Vogelbeobachtung ist nichts für ungeduldige Menschen. Am besten sind die frühen Morgenstunden dazu geeignet und ein Fernglas sollte man auf jeden Fall mitbringen. Aber die Rundwege eignen sich auch so für schöne Spaziergänge. Und vielleicht hört man ja dabei die Feldlerche oder das Braunkehlchen zwitschern.

🕊 Das Haarmoos schließt sich an den Abtsdorfer See an. Also erst einen Spaziergang machen und dann ab ins kühle Nass.

DIPLOM-BILDHAUERIN HELGA WAGNER /// PFARRER-REHRL-STRASSE 3 ///
83416 SAALDORF-SURHEIM /// 0 86 54 / 77 56 41 ///
WWW.HELGA-WAGNER.DE ///

Eine ganze Schar Wichtel steht am Fenster und begrüßt jeden Besucher. Ihre roten Mützen leuchten schon von Weitem. Geschaffen hat sie die Holzbildhauerin Helga Wagner, die in ihrer Werkstatt steht und ein Stück Holz am Schnitzbock festgespannt hat. Mit den Schnitzeisen und einem Klüpfel lässt sie einen neuen Wichtel entstehen, dessen spitze Mütze schon zu erkennen ist. Flott arbeitet sie dahin, der Klüpfel treibt das Schnitzeisen in das Holz. Tock, tock macht es, der gleichmäßige Rhythmus ist beruhigend.

»Schnitzen ist sehr entspannend«, erzählt Wagner. Kopf und Hand arbeiten im Einklang, die Freude des Machens findet im Holz seinen Ausdruck. Hat sie einen Wichtel fertig geschnitzt, dann wird er mit kräftigen Farben bemalt. Ebenso farbenfroh ist ihr Wichtelpaar, das eine gemalte Lederhose und Dirndl trägt. Vielleicht gibt es in dem Garten, der Haus und Werkstatt umgibt, richtige Wichtel, die der Bildhauerin als Vorbild dienen. Für die geschnitzten Hühner jedenfalls müssen die lebendigen Hühner im Garten als Modell herhalten. Alle Arbeiten von ihr sind geprägt durch die weichen, fließenden und ausdrucksstarken Formen und die farbige Bemalung.

In Anlehnung an die barocken Engel, die in den umliegenden Kirchen zu finden sind, hat sie die Saaldorfer Schutzengel entwickelt. Die kleinen geflügelten Wesen sind zart bemalt und sollen ihrem Besitzer Sicherheit und Geborgenheit vermitteln. Aus Holzscheiten arbeitet sie Maria und Josef. Sie hat dabei die bekannte Form der Holzscheitelmadonna wörtlich interpretiert.

Ihr Wissen gibt sie in Kursen für Kinder und Erwachsene weiter. »Beim Schnitzen geht einem die Seele auf«, sagt sie. Manchmal allerdings will das Holz nicht so, reißt oder bricht sogar. »Dann muss man das Beste aus der Situation machen«, findet die Bildhauerin. Was eigentlich kein schlechtes Lebensmotto ist.

✍ Die Saaldorfer Schutzengel sind wunderschöne Geschenke bei Geburten und Hochzeiten.

»Aufdraht – oane, zwoa, dahi geht's« ruft der erste Schnalzer, woraufhin alle neun Schnalzer gemeinsam ihre Goaßln knallen lassen. Ganz gleichmäßig im Takt, denn das ist entscheidend beim Aperschnalzen. Vermutlich ist der Brauch heidnischen Ursprungs. Die Menschen damals wollten die Winterdämonen und damit den Schnee vertreiben. Im Namen Aperschnalzen steckt das Wort ›aper‹ das im Althochdeutschen so viel wie ›offen, von Schnee unbedeckt‹ bedeutet. Mit dem lauten Knallen wird der Winter verjagt und das Frühjahrswachstum herbeigerufen. Sozusagen ein Wecker für die verschlafene Natur. Es könnte auch sein, dass in der Pestzeit das Schnalzen als Mittel zur Verständigung von Bauernhof zu Bauernhof genutzt wurde.

Die Schnalzergruppe wird Pass genannt und sie besteht immer aus einer ungeraden Zahl an Schnalzern. Das müssen nicht nur Männer sein, immer mehr Frauen und junge Mädchen entdecken den alten Brauch für sich. Das Aperschnalzen in der Form gibt es nur im Rupertiwinkel. Ab dem Stefanitag, also dem 26. Dezember, bis zum Faschingsdienstag darf geschnalzt werden. Nur in der Zeit kann geübt werden, damit sich, wenn die gesamte Pass schnalzt, ein Knall an den anderen reiht. ›Draufschnalzen‹ wird das genannt. Dabei entsteht ein knatterndes Geräusch, idealerweise ohne Pause. Das gelingt nur, wenn alle Schnalzer im richtigen Rhythmus sind. Daneben gibt es auch noch den Gleichklang, bei dem mit der Goaßl nach links und rechts geschnalzt wird.

Gehalten wird die Goaßl am hölzernen Stiel. Der obere Teil dreht sich und an ihm ist mit einem Lederriemen ein gedrehtes Hanfseil befestigt. Wird die Goaßl richtig geschwungen, dann durchbricht der vorne festgemachte und aus kurzen Schnüren bestehende ›Boschen‹ die Schallmauer und daraus resultiert der Knall. Der Brauch ist so beliebt, dass den Schnalzern sogar ein Brunnen errichtet wurde.

⚲ Sehenswert ist das Preisschnalzen, das jährlich in einer anderen Gemeinde im Rupertiwinkel stattfindet. Über 1.500 Schnalzer knallen um die Wette.

PAULBAUERNHOF FAMILIE HEINZ /// GAUSBURG 47 ///
83416 SAALDORF-SURHEIM /// 0 86 82 / 18 67 ///
WWW.PAULBAUERNHOF.DE ///

Als ich den Paulbauernhof zum ersten Mal besuchte, füllte Resi Heinz in ihrer gemütlichen Küche gerade herrlich duftenden Zitronenmelissensirup in Flaschen. Daneben stand eine ganze Reihe Marmeladengläser mit goldgelbem Gelee aus Äpfeln und Ackerkratzdisteln. Die Morgensonne brachte die Gläser zum Leuchten und der Blick konnte durch das Küchenfenster über die weiten Wiesen des Bauernhofes streifen bis hinein in die Berge. Selbst die Salzburger Burg war in der Ferne zu erkennen.

Der Paulbauernhof ist ein Ort, an dem man sich sofort zu Hause fühlt. Alles, was am Hof produziert wird, verkauft Familie Heinz in ihrem Hofladen. ›Selber machen und selber verkaufen‹ lautet ihr Motto. Vor allem der Käse aus Resis Küche ist weithin bekannt. Ihr Mann Heinz ist ausgebildeter Natur- und Landschaftsführer. Er kümmert sich in vierter Generation um den Hof. Ihr Sohn Hansi ist der Jungbauer und er wird losgeschickt, mir den Paulbauernhof zu zeigen. Es ist ein traditioneller Milchviehbetrieb mit 35 Kühen. Hinter dem Stall stehen die kleinen Boxen für die Kälbchen. Die Namenstafeln geben Auskunft, wie die Kälber heißen, damit die Gäste sie auch mit dem richtigen Namen anreden können. Weiter geht es zu den Schweinen, die gleich grunzend hergelaufen kommen. Im Hühnerstall herrscht Aufregung. »Die neuen Hühner ärgern unsere Puten ständig«, erzählt Hansi. Also auch im Idyll gibt es Probleme. Hasen und Katzen laufen außerdem herum– einfach alles, was ein Bauernhof braucht.

Rund um den Hof blüht es, es gibt einen eingezäunten Bauerngarten und ein großes Kräuterbeet. Alle Pflanzen sind beschriftet, denn Resi ist ausgebildete Kräuterbäuerin und bei einer Kräuterwanderung mit ihr erfährt man vieles über die Heilwirkung der Wald- und Wiesenkräuter. Als ich mich verabschiede, drückt mir Resi ein Glas Marmelade in die Hand. Ein Stückchen Idylle zum Mitnehmen.

☞ Der Paulbauernhof hat nicht nur Ferienwohnungen, sondern bietet auch Stellplätze für Wohnmobile an und wenn man Glück hat, gibt es am Sonntag Spanferkel.

ÜBER UND ÜBER BLÜHT ES RUND UM DAS BAUERNHAUS IN ABTSDORF.

PRIVATBRAUEREI M.C. WIENINGER /// POSTSTRASSE 1 ///
83317 TEISENDORF /// 0 86 66 / 80 20 /// WWW.WIENINGER.DE ///

Der Kirchturm dominiert üblicherweise einen oberbayerischen Marktflecken. Doch in Teisendorf hat er durch die Brauerei Wieninger Konkurrenz bekommen. Rechts der Kirchturm, links die Brauerei und dazwischen die Marktstraße mit ihren bunten Bürgerhäusern. Gemütlich geht es in Teisendorf zu. Die enge Marktstraße lässt selbst die Autos nur einspurig und im Schritttempo vorankommen. Dabei wirkt es überhaupt nicht verschlafen, sondern auf eine angenehme Art entspannt. Ein schöner Ort zum Leben und um Urlaub zu machen, abseits der touristischen Zentren der Region.

Wie wäre es mit einem Spaziergang durch den beschaulichen Ort? Fangen wir in der schon erwähnten Marktstraße an. Hier reihen sich kleine Läden, Cafés und Gasthäuser aneinander. Stühle und Tische stehen draußen, von denen aus man das Treiben beobachten kann. Frauen mit Einkaufskörben besorgen die Zutaten für das Mittagessen, ein Postbote geht von Haus zu Haus und ein Maler schleppt Farbeimer sowie eine Leiter in eines der alten Häuser. Die Glocken der St. Andreaskirche rufen zum Rosenkranz. Leise folgt man den Gläubigen in die Kirche. Die Frauen sitzen traditionell links und die Männer rechts, über ihnen schwebt, im Gewölbe aufgehängt, eine Rosenkranzmadonna. Bei einem Brand 1815 wurde die Kirche schwer beschädigt, darum ist nicht mehr die gesamte Innenausstattung original.

Im Kirchhof stehen eiserne Kreuze, die an die jahrhundertelange Eisengewinnung in der Region erinnern, genauso wie der gusseiserne Madonnenbrunnen in der Hauptstraße. Sie spazieren wir jetzt hinab, bis wir zum Friedhof kommen. An zwei Seiten wird er von Gruftarkaden gesäumt. Wer will, kann einfach weiterspazieren. Dafür steht ihm ein 300 Kilometer langes Wegenetz zur Verfügung. Alle anderen können mit hinüber zur Brauerei kommen, um dort die süffigen Regionalprodukte zu probieren.

🍺 Die Brauerei Wieninger bietet jeden Mittwoch eine Brauereiführung an, natürlich mit Verköstigung des Gerstensaftes.

WALLFAHRTSKAPELLE VACHENLUEG /// VACHENLUEG /// 83454 ANGER ///

Ein Mauerrest ist alles, was von der Ritterburg geblieben ist. Doch gehen wir zurück in der Zeit in das Jahr 1414. Die beiden Ritter Hans und Martin von Haunsperg erbauen eine Burg in Vachenlueg. Die am Högl gelegene erhöhte Lage bietet damals wie heute einen Blick weit in den Rupertigau hinein. Kaiser Friedrich III. gewährt 1459 Ritter Georg, Martins ältestem Sohn, den Bau einer Taverne mit Brotverkaufsrecht. Sie bestand bis 2008. Dann schloss sie nach 549 Jahren. Selbst die schweren Erdrutsche von 1899 und vor allem 1954, als die Erdmassen bis zum zweiten Stock reichten und den Schlossgraben zuschütteten, hatte sie überstanden. Mehrere Anwesen wurden dabei zerstört, zwei Tote gab es zu beklagen.

Aus der Ritterburg wurde ein Schloss, als die Haunsperger in den Grafenstand erhoben wurden. Doch 1699 starb der Letzte aus dem Geschlecht. Mit der Zeit zerfällt das Schloss immer mehr. Vachenlueg ist nur noch ›ein altes, baufälliges Gebäude mit einer passablen Raumausstattung‹ – so heißt es in den Annalen. Als 1824 die Schlossmauern einfallen, wird auch die 1487 zum ersten Mal beurkundete Kapelle beschädigt. Aber wie durch ein Wunder bleiben der Altar und die Glasvitrine mit dem Madonnenbild unversehrt. Daraufhin setzt eine Wallfahrt zu dem Gnadenbild ein, das eine Kopie der Schwarzen Madonna von Altötting ist.

Zunächst wird eine Behelfskapelle aus Holz, 1848 schließlich die heutige Kapelle ›Zu unserer Lieben Frau‹ aus Stein im neugotischen Stil gebaut. Noch heute ist im Hochaltar das Madonnenbild zu sehen. Unzählige Votivtafeln sind an den Seitenwänden angebracht und erzählen vom Dank der Menschen für überstandene Krankheit und abgewendetes Unglück. Es ist kein Ort, an dem große Geschichte geschehen ist, aber trotzdem ist Vachenlueg ein geschichtsträchtiger Ort.

🖉   Die vielen kleinen Anwesen und Weiler am Höhenrücken des Högl lassen sich bequem erwandern. Der Ausblick auf die Umgebung ist fantastisch.

KLOSTER, SEE UND WIRTSHAUS
IN BESTER DREIEINIGKEIT

Anger – Höglwörth

Man muss sich entscheiden. Besucht man am frühen Morgen den Höglwörther See, dann hat man ihn für sich alleine. Von der erwachenden Natur und ihrem reichen Konzert begleitet, kann man den See in einer guten halben Stunde umrunden. Das ist fast wie eine Meditation und es empfiehlt sich, achtsam das rege Treiben im Wasser und am Ufer einmal genauer zu betrachten. Die großen Hechte wird man dabei sicher sehen. Bei dem Spaziergang hat man das alte Kloster und seine Kirche immer im Blick, die sich malerisch auf einer Halbinsel erheben.

Der Nachteil ist, dass der schöne Biergarten des Klosterwirtes dann noch nicht geöffnet hat. Darum vielleicht doch besser den Besuch auf später verschieben? Spielt das Wetter mit, springt man am Strandbad in den See und frischt sich ab. Da der See nicht sehr tief ist, maximal zehn Meter, erwärmt er sich im Sommer recht schnell. Es gibt eine Liegewiese und einem Sonnenbad steht nichts mehr im Wege.

Jetzt hat auch der Klosterwirt offen und nun kann man sich auch innerlich im schattigen Biergarten abkühlen. Das Kloster, heute im Privatbesitz, war ein Augustiner Chorherrenstift, dessen Geschichte sich wahrscheinlich auf eine Mönchszelle aus dem 8. Jahrhundert zurückführen lässt. Den schönen Innenhof der burgähnlichen Anlage kann man besichtigen. Man gelangt zu ihm über das Torhaus, das früher mit einer Zugbrücke versehen war.

Die barocke Stiftskirche St. Peter und Paul hatte einen romanischen Vorgängerbau und im Rokoko wurde die ausschweifende Stuckierung angebracht. Wer romantisch heiraten möchte, der findet hier alle nötigen Zutaten. Im Winter friert der See oft zu, dann kommen die Eisstockschützen und Schlittschuhfahrer. Auch dann ist der Wirt von Nutzen, gilt es sich diesmal doch, sich von innen und außen wieder zu erwärmen.

✍ Alle drei Jahre wird in der Karwoche das Heilige Grab im Chor der Stiftskirche aufgebaut. Mit seinen magisch leuchtenden Glaskugeln ist es ein ganz besonderer Anblick.

VON TEISENDORF AUS GELANGT MAN GANZ LEICHT AUF DEN TEISENBERG.

STOISSER ALM /// 01 75 / 6 16 62 67 /// WWW.STOISSERALM.DE ///

PER RAD ZUM GIPFEL STRAMPELN
Teisenberg

Bekanntlich führen viele Wege nach Rom. Noch mehr Wege allerdings führen auf den Teisenberg. Egal von welcher Seite man sich ihm nähert, irgendwo gibt es immer einen Weg oder eine Forststraße, über die man zum 1.333 Meter hohen Gipfel, ›Schneid‹ genannt, gelangt. Seine überschaubare Höhe macht ihn zum idealen Anfängerberg. Der Anstieg ist moderat und oben wartet die Stoißer Alm mit Aussicht, Essen und Erfrischungen auf den Wanderer.

Gerade für Familien ist die rund zweieinhalbstündige Wanderung gut zu bewältigen – wenn die Mountainbiker nicht wären. Denn die breiten Forststraßen und die stetige Steigung machen ihn zu einem der beliebtesten Tourenziele für Bergradler. Hinauf hört man sie ja noch hinter sich schnaufen und man kann rechtzeitig zur Seite gehen. Allerdings lassen die Mountainbiker es oft genug hinunterrauschen und dann muss man sehen, wie man sich in Sicherheit bringt. Darum sieht man so gut wie keine Wanderer mehr am Teisenberg, dafür umso mehr Sattelritter. Bis hinein in die Abendstunden strampeln sie mehr oder weniger schnell die bequemen Wege hinauf. Die Strecke ist selbst für weniger erfahrene Bergradler zu schaffen, denn es gibt kaum wirklich steile Abschnitte.

Der Teisenberg hat sich zu einem wahren Mountainbike-Eldorado entwickelt. Nach Feierabend ist oftmals am meisten am Berg los. Da wird noch schnell der Gipfel anvisiert und kräftig in die Pedale getreten. Rad über Rad lehnt dann am Almzaun, während drinnen das Gipfelglück gefeiert wird. Der größte Teil des Weges liegt gut beschattet im Wald und ist selbst im Hochsommer angenehm kühl. Warm wird einem sowieso automatisch beim Bergaufstrampeln. Die ›Schneid‹ liegt hingegen frei und garantiert einen schönen Blick auf die nördlichen Ostalpen und hinüber bis nach Salzburg.

✍   Auf der Stoißer Alm kann man auch übernachten. Ein uriger Saal, Salettl' genannt, bietet Platz für bis zu 80 Personen und eignet sich für Feiern jeglicher Art.

Der Rundlokschuppen ist tatsächlich rund. Sein Name verrät es eigentlich, trotzdem ist man als Besucher zunächst erstaunt. In einem schönen Halbkreis fügen sich radial 20 Gleise aneinander. Davor, im Mittelpunkt sozusagen, befindet sich die 23 Meter lange Drehscheibe. Auf ihr wurden die Lokomotiven so gedreht, dass sie auf dem richtigen Gleis im Lokschuppen einfahren konnten. Heute dürfen die Besucher ein paar Runden auf ihr fahren.

Der historische Lokschuppen wurde 1902 gebaut, direkt an der 1860 eröffneten Bahnlinie München – Salzburg. Im Rundlokschuppen wurden die Dampflokomotiven untergestellt und gewartet. Heute dient er als Ausstellungsfläche. Zu den Exponaten zählen hochwertige Lokomotiven, die das Deutsche Museum aus der Abteilung Verkehrszentrum zur Verfügung stellt. Darunter auch eine bayerische Schnellzug-Dampflokomotive aus dem Jahre 1874. Sie ist aufgeschnitten, damit man die sonst verborgenen ›Innereien‹ eingehend betrachten kann. Sie erreichte damals immerhin stolze 90 Kilometer pro Stunde.

In den historischen Wagen finden sich Abteile in den verschiedenen Klassen. Die Holzklasse trug ihren Namen wirklich zu recht. Elektrische Lokomotiven werden genauso gezeigt wie eine Gleisstopfmaschine, mit der Gleise ausgerichtet werden. Ein richtiger Hingucker ist die 18 Meter lange Modelleisenbahn, die maßstabsgetreu das Bahnbetriebswerk Freilassing darstellt.

Nicht nur Kinder haben ihren Spaß in der Kinderwelt. Mit allen Sinnen wird die Eisenbahn und ihre Geschichte begreifbar. Die Kleinen probieren in der Eisenbahngarderobe gerne die Arbeitskleidung eines Zugführers, Schaffners oder Gleisarbeiters an. In drei nachgebauten Abteilwagen wird das Thema ›Reisen und Eisenbahn‹ dargestellt und im Fahrsimulator kann jeder einmal seinen Traum als Lokführer ausleben.

✍ In der Lokwelt kann man einen aufregenden Kindergeburtstag feiern oder bei schönem Wetter mit den ICE-Bobbycars im Freien auf den Gleisen sausen.

RESIDENZPLATZ /// 5020 SALZBURG ///

Ein Ausflug nach Salzburg bietet sich an, liegt es doch praktisch gleich um die Ecke. Dabei kann man sich an den fünf großen Plätzen in der Stadt orientieren, die praktischerweise nebeneinander liegen. Da ist zunächst der Domplatz, der sich während der Festspiele in ein Theater verwandelt, in dem der Jedermann und der Tod ihren ungleichen Kampf austragen. An der rechten Seite des Doms liegt der Kapitelplatz mit der Kapitelschwemme. Zwar werden heute die Pferde dort nicht mehr getränkt, aber es gibt sie noch.

Mitten auf dem Residenzplatz steht der Hofbrunnen, der größte Barockbrunnen nördlich der Alpen. Pferde gibt es auch bei ihm, es sind wild schnaubende Meeresrösser, die in hohem Bogen Wasser speien. Diese drei Plätze gestalten den Raum im Zentrum der Altstadt großzügig und offen und geben den Menschen die Möglichkeit, aus den schmalen Gassen herauszutreten und Atem zu holen. Das ist vor allem bei der notorisch überfüllten Getreidegasse nötig.

An den Residenzplatz schließt sich der Alte Markt an. Umrahmt von seinen pastellfarbenen Patrizierhäusern, bietet er für alle Sinne etwas – für die Augen die gefällige Architektur, für die Ohren das Plätschern des Marktbrunnens und auch der Genuss kommt nicht zu kurz, wenn man sich im Café Fürst die angeblich einzig wahre Mozartkugel gönnt.

Das Musikgenie selbst steht auf dem Mozartplatz und lässt sich jedes Jahr geduldig millionenfach ablichten. Ständiges Gedränge herrscht vor seinem Geburtshaus, also lässt man es besser links liegen. Nicht immer war Mozart in Salzburg so beliebt wie heute. 1781 hatte man ihn mit einem Fußtritt aus der Stadt befördert. Auf dem Universitätsplatz findet seit 1857 der Salzburger Wochenmarkt statt. Der Grünmarkt mit seinen vielen Ständen ist jeden Tag geöffnet und ideal, um eine ›Jause‹ zu sich zu nehmen.

☞ Wiener Caféhaustradition kann man im Café Tomaselli oder auf der anderen Salzachseite im Café Bazar genießen. Es ist zwar nicht billig, dafür aber sehr stilvoll.

Die Luft ist feucht und wildes Vogelgeschrei erfüllt sie. Geballtes Grün umgibt den Besucher und lässt an einen tropischen Regenwald denken. Man spürt, dass hier die Natur heftig arbeitet. Stück für Stück holt sie sich das zurück, was der Mensch ihr entrissen hat. Schon Mitte des 19. Jahrhunderts begann im Ainringer Moos der Torfabbau. Aber erst in den 20er-Jahren des 20. Jahrhunderts wurde sozusagen als Strukturförderungsprogramm der Torf großflächig abgetragen und als Brennstoff verwendet. Doch der geringe Heizwert machte den Brenntorf unrentabel und man ging dazu über, den Torf als Einstreu und Strohersatz sowie als Blumenerde zu vermarkten.

In der Torfstreufabrik wurden die Torfballen zerkleinert und in Säcke abgefüllt. Das gesamte Moor war mit einer Torfbahn erschlossen. Noch heute gibt es Gleise zu sehen, allerdings sind sie von Brombeeren überwuchert. Auch hier holt sich die Natur ihr Gebiet wieder zurück. Seit den 90er-Jahren wurde mit der Renaturierung begonnen, der Torfabbau 2003 ganz eingestellt. Die Entwässerungsgräben wurden zugeschüttet, damit das Moor wieder richtig durchfeuchtet wird. In Zuge dessen siedelten sich wieder die typischen Moorpflanzen an. Durch das Absterben der Pflanzen unter Wasser setzt die Torfbildung wieder ein. Allerdings: Bis wieder ein Niedermoor entsteht, dauert es bis zu 300 Jahre.

In wenigen Jahrzehnten hatte der Mensch ein über Jahrtausende gewachsenes Ökotop zerstört. Die jetzige Flora und Fauna entspricht nicht der ursprünglichen, dennoch bietet sie Heimat für viele Tiere und Pflanzen. In den Tümpeln, Feuchtgebieten und Restmooren hat sich ein lebendiger Lebensraum entwickelt. Die große Zahl an Wasservögeln ist der sichtbare und vor allem hörbare Beweis. Der gut ausgeschilderte Moor-Erlebnispfad führt auf einem Rundweg durch das Moor und an zwei Aussichtstürmen vorbei.

🖉 Vom Parkplatz des Erlebnisbades Ainring führt ein beschilderter Weg zum Moor. So kann man es am einfachsten finden.

KELTEREI STADLER /// HÖGLER STRASSE 50 /// 83451 PIDING ///
0 86 56 / 8 60 /// WWW.KELTEREI-STADLER.DE ///

Kennen Sie Heu-Limonade? Nicht? Dann waren Sie noch nicht in der Kelterei von Michael Stadler. In dritter Generation sind die Stadlers Keltermeister und die nächste flitzt auch schon zwischen Abfüllanlage und Fruchtpresse umher. ›Innerwiesen‹ heißt das Bauernhaus, hinter dem sich die Kelterei verbirgt. Es trägt seinen Namen zu Recht, denn es liegt mitten in den eigenen Obstwiesen am Högl, umgeben von Blumen, Gemüsebeeten und Obststauden.

Ein Birnbaum wächst am Haus hinauf und dahinter steht geschützt ein Aprikosenbaum. Aus allem wird Saft gewonnen, aber auch Beerenweine werden angesetzt und Obstschnäpse in der Kelterei gebrannt. Die Palette ist groß, rund 400 Produkte stellt der Familienbetrieb her, alle kann man im Hofladen kaufen. Flasche an Flasche reiht sich dort und die Auswahl fällt gar nicht leicht. Soll man einen Stachelbeer-Nektar nehmen oder doch lieber eine Erdbeer-Vanille-Limonade oder einen der vielen Fruchtsäfte? Doch zurück zur Bio-Heu-Limonade. Sie riecht nach frischem Heu und schmeckt auch ganz leicht danach. Gut gekühlt ist sie herrlich erfrischend. Das ist pure Landlust zum Trinken.

Für Michael Stadler ist es wichtig, dass alle Rohstoffe entweder aus dem eigenen Anbau oder aus der Region stammen. Darum hält er auch 20 Bienenvölker. Denn ohne Bienen gibt es keine Früchte an den 1.000 Bäumen im Obstgarten. Viele von ihnen tragen alte und traditionsreiche Sorten wie den ›Geheimrat Oldenburg‹. Sind sie reif, werden die frisch gepflückten Äpfel gereinigt und anschließend zu einem Brei gemahlen. Dieser wird gepresst, der Saft abgefüllt und die Flaschen mit den oft von Michael Stadler selbst entworfenen Etiketten versehen. Der Fruchtsaftmeister tüftelt gerne an neuen Sorten und seine knallgrüne Apfel-Paprika-Limonade ist nicht nur optisch ein Hit. ›Mit der Natur arbeiten‹ lautet das Motto der Stadlers und das schmeckt man.

🍶 Michael Stadlers erster regionaler Whisky heißt ›Sleeping Witch‹, benannt nach dem Berggipfel der Schlafenden Hexe, auf den man von der Kelterei aus blickt.

ALTER KULTPLATZ UND FRISCHES BIER
Piding – Johannishögl

18

Wegen der Aussicht sollte man den Berggasthof Johannishögl unbedingt besuchen. Der Blick vom Biergarten ist bei einem frischgezapften Bier gleich noch einmal so schön. Praktisch von allen Seiten führen Spazierwege hinauf zum 705 Meter hohen Johannishögl, aber es gibt auch eine Teerstraße für Autos und Radfahrer.

Man sitzt unter Biergarten-Kastanien und blickt auf Salzburg, den Gaisberg sowie das Tennengebirge. Dreht man den Kopf nach rechts, sieht man den Untersberg, im Anschluss daran das Lettengebirge und die Spitze des Watzmanns. Noch weiter rechts liegt die Reiteralpe, der Hochstaufen und der Zwiesel. So viel Kopfgedrehe ist aber gar nicht gut und man schaut besser geradeaus auf sein goldgelbes Bier.

Doch bevor man es sich richtig gemütlich macht, muss man unbedingt die letzten Meter hinauf zur Kirche St. Johannes der Täufer gehen. Welch ein wunderbarer Platz für eine Kirche. Das dachten sich auch schon die Menschen früher, darum wird ein vorchristliches Heiligtum an dieser Stelle vermutet. Der Brunnenschacht am Fuße der Kirche war möglicherweise ein keltischer Opferschacht. Vor der Kirche sind noch Reste einer Opferstätte aus der Römerzeit zu finden.

Der Johannishögl hat also schon immer die Menschen fasziniert und sie haben ihn als spirituellen Ort gesehen. Der ursprünglich romanischen Kirche mit ihrer flachen Holzdecke wurde ein gotisches Kreuzrippengewölbe eingebaut. Der ganze Bau schließlich mit einem barocken Kirchturm versehen. So hat jede Zeit ihre Spuren hinterlassen. Will man den Innenraum eingehend betrachten, empfiehlt es sich, zu einem Berggottesdienst in St. Johannes zu kommen. Über den Pfarrverband Piding bekommt man nähere Auskünfte. Zurück im Biergarten kann man sich überlegen, warum Kirchen und Wirtshäuser oft so nah beieinander stehen.

⌔ Das Familienparadies Neubichler-Alm liegt ebenfalls am Högl und bietet ebenso einen wunderbaren Ausblick von der Restaurantterrasse.

Der Blitz fuhr einmal durch das Portal. Noch heute sieht man den Schaden, den er 1654 anrichtete, denn im Bogenfeld über der Tür fehlt der Kopf des Heiligen Rupertus. Der Heilige befindet sich rechts von Maria, die mit dem Jesuskind auf einem Faltstuhl sitzt. Ob das Jesuskind seinen Kopf allerdings schon vorher verloren hatte oder der Blitz daran schuld war, ist nicht überliefert. Links ist der Heilige Zeno angebracht, der Reichenhall und seine Salzvorkommen vor Überschwemmungen schützen sollte. Aber auch die Heiliggeist-Taube neben dem Haupte Mariens wurde durch den Blitz weggeschlagen.

Das romanische Stufenportal ist beeindruckend, trotz oder gerade wegen seiner einfachen Formensprache. Das Relief links neben der Tür zeigt Gottvater zusammen mit Adam und Eva. Rechts sieht man einen Menschen, dessen Schutzengel ihn vor Gefahr gerettet hat, dargestellt durch einen Löwen mit aufgerissenem Maul. Auch hier rühren die grobe Form und die naive Darstellungsweise den Betrachter an. Die Schönheit liegt nicht in der Darstellung, sondern im Dargestellten.

Betritt man die große Kirche, so gäbe es einiges zur Innenausstattung zu sagen. Doch lassen wir das und gehen wir gleich hinüber zum rechten Seitenschiff. Denn hier ist das vielleicht Schönste der Kirche aufgebaut – die ganzjährige Krippe. In ihr werden die wichtigsten Stationen im Leben Jesu bildlich sichtbar. Mit Hunderten von Figuren, passenden Gebäuden und Hintergrundbemalungen werden die Szenen dargestellt. So zeigt zum Beispiel das Haus von Nazareth Josef in der Schreinerwerkstatt, während seine Frau Maria vor dem Haus sitzt, ins stille Gebet vertieft. Der Holzrahmen der Krippe ist ganz abgegriffen von den unzähligen Kinderhänden, die sich festhielten, um die Bilder genau zu betrachten. Doch auch Erwachsenen öffnet sich bei dem Anblick das kindliche Herz.

 Im Kreuzgang mit seinen romanischen Arkaden findet man das bekannte Barbarossa-Relief. Seine Öffnungszeiten sind an der Kirche ausgehängt.

ALTE SALINE BAD REICHENHALL /// ALTE SALINE 9 ///
83435 BAD REICHENHALL /// 0 86 51 / 7 00 21 46 ///
WWW.ALTE-SALINE-BAD-REICHENHALL.DE ///

Der Klang der Messingglocke im Hauptbrunnenhaus ist schon von der Straße aus zu hören. Er zeigt an, dass die großen Wasserräder einwandfrei funktionieren und durch ihr Drehen Sole aus dem Quellenbau schöpfen. Seit der Bronzezeit wird die hier austretende Sole zur Salzgewinnung genutzt. Nach dem großen Stadtbrand 1834 ließ König Ludwig I. ab 1840 die Alte Saline errichten. Der markante Bau gruppiert sich um drei große Höfe, die damit geschaffene Abstandsfläche sollte bei einem erneuten Brand das Übergreifen des Feuers verhindern.

Der Bau ist ein Kind seiner Zeit. Obwohl es sich um ein Industriegebäude handelt, sollte es allerdings nicht danach aussehen. Viel eher erinnert es an eine Kirche. Der erhöht liegende Eingang ist wie ein romanisches Stufenportal ausgeführt. Auch die doppelten Rundbogenfenster und die Rundbogenfriese an den Gesimsen erinnern an die Romanik. Das große Radfenster allerdings mit den Verzierungen in den Ecken ist eindeutig gotisch. Ebenso sind die schön ausgeführten Balkonbrüstungen gotischen Maßwerkarbeiten nachempfunden. Eine bunte Stilvermischung, die im Historismus des 19. Jahrhunderts sehr beliebt war. Der große industrielle Fortschritt sollte hinter historisch anmutenden Fassaden versteckt werden. Schön anzuschauen ist der breite Bau allemal. Seine Backsteinmauern sind mit Nagelfluh eingerahmt, dadurch ergibt sich ein reizvoller Gegensatz zwischen dem dunklen Rot der Mauern und dem hellen Weiß des Natursteins.

Der Alten Saline gegenüber steht der sogenannte Beamtenstock. Das Verwaltungsgebäude der Saline hat Friedrich von Gärtner entworfen und es ähnelt seinem Entwurf für die Staatsbibliothek in München. Angelehnt ist die Fassade an die von Florentiner Palästen. Auch das war im 19. Jahrhundert möglich – Renaissancearchitektur mitten in barocken Altbayern.

✍ Für das Salzmuseum in der Alten Saline mit seiner Ausstellung ›Faszination des weißen Goldes‹ und das Salzbergwerk in Berchtesgaden gibt es Kombi-Tickets.

KÖNIGLICHER KURGARTEN /// KURSTRASSE ///
83435 BAD REICHENHALL ///

Bitte, nehmen Sie doch Platz auf einem der bequemen Liegestühle. Legen Sie die Füße hoch und schließen Sie die Augen. Das Plätschern des großen Brunnens beruhigt ebenso wie das leise Rieseln der Sole im Gradierwerk. Atmen Sie tief ein, füllen Sie Ihre Lungen mit der gesunden Luft und es ist nur zu verständlich, wenn jetzt jemand ein wenig wegdämmert. Oder lesen Sie in Ihrer mitgebrachten Lektüre, ob Krimi oder Liebesroman, die Liegestühle bieten die ideale Leseposition. Lassen Sie den Alltag einfach draußen vor dem Park und tauchen Sie ein in die herrliche Welt des Königlichen Kurgartens.

Er wurde 1862 durch den Königlich Bayerischen Hofgärtner Carl von Effner angelegt. Wem es zu heiß in der Sonne wird, der kann sich in den Schatten der großen Bäume legen. Insgesamt gibt es 42 verschiedene Baumarten. Darunter auch der seltene Taschentuchbaum, der wegen seiner luftigen weißen Blüten so genannt wird. Eine 350-jährige Eibe wächst hier genauso wie ein 140-jähriger Tulpenbaum. Aber auch sonst werden Sie viele exotische Pflanzen entdecken können. Flanieren Sie einfach ein wenig herum. Die fein gerechten Kieswege knirschen unter den Füßen. Sollten Sie im Frühling den Kurgarten besuchen, werden Sie von der Fülle der Tulpen und Narzissen beeindruckt sein. Ganze 30.000 Blumenzwiebeln stecken in den Beeten. Sehen Sie, wie viele verschiedene Grüns es in der Natur gibt?

Wie herrlich leuchtend frisch der Farn unter den Bäumen wächst! Die üppigen Beete und Rabatten zeugen vom verschwenderischen Umgang der Natur mit Farbe. Doch halt, hören sie die leisen Klänge dort von der Musikrotunde? Das ist das Kurkonzert mit dem Bad Reichenhaller Philharmonieorchester. Sie spielen eine bunte Mischung beliebter Melodien. Genießen Sie den Königlichen Kurgarten. Er ist eine wirkliche Wohlfühloase.

✿ In der neobarocken Wandelhalle kann man warme oder kalte Alpensole für Anwendungen aus dem großen Marmorbrunnen entnehmen.

GRADIERWERK BAD REICHENHALL /// KURSTRASSE ///
83435 BAD REICHENHALL ///

In unserer hektischen Zeit kennt man es gar nicht mehr – das Wandeln. Im Gradierwerk kann man dies wieder einüben. Denn hier geht es darum, langsam auf und ab zu schlendern und dabei die mit Sole angereicherte Luft tief einzuatmen. Eine gesunde Übung für die heute so oft geforderte Entschleunigung.

Dabei ist ein Gradierwerk eigentlich eine Erfindung zur Energieeinsparung. Das war schon im 17. Jahrhundert ein wichtiges Thema, wenigstens bei der Salzgewinnung. Denn je höher der Salzgehalt der gesiedeten Sole lag, umso weniger Brennmaterial brauchte man. Also versuchte man auf natürlichem Wege, den Salzgehalt der Sole zu steigern. Anfangs ließ man die Sole über Strohbüschel fließen, damit die Luft möglichst viel Wasser aufnahm und die Sole salzhaltiger wurde. Doch das Stroh erwies sich als Fehlgriff. Es faulte zu schnell und verunreinigte noch dazu die Sole. Schwarzdornzweige hingegen waren viel besser dafür geeignet. Also errichtete man mit ihnen Gradierwerke, ließ die Sole von oben über die Wände aus Zweigen rieseln und die Luft und die Sonne ihre hilfreiche Arbeit verrichten. Ideal war auch, dass an den Dornen Verunreinigungen hängen blieben. Die so gradierte Sole, daher der Name Gradierwerk, konnte nun mit geringerem Energieaufwand gesiedet und das weiße Gold gewonnen werden.

Dass das Ganze auch der Gesundheit zugute kommt, darauf kam man erst später. Denn durch das Herabrieseln der Sole reichert sich die Luft mit Salz an und eine gesunde Seeluft entsteht. Für Allergiker und Asthmatiker kann das eine positive Wirkung auf die Atemorgane haben. Das 1910 rein für Kurzwecke gebaute Gradierwerk in Bad Reichenhall ist ein sehr schön proportionierter Bau, in dem es sich wunderbar wandeln lässt. Am besten auf der dem Wind abgewandten Seite, also da, wo keine Sole tropft, denn hier ist der Salzgehalt der Luft am höchsten.

🖉 Von April bis Oktober finden jeden Donnerstag Führungen statt, bei denen die alte Technik im Dachgeschoss des Gradierwerks erklärt wird.

BAD REICHENHALLER PHILHARMONIE /// SALZBURGER STRASSE 7 ///
83435 BAD REICHENHALL /// 0 86 51 / 7 62 80 80 ///
WWW.BAD-REICHENHALLER-PHILHARMONIE.DE ///

MUSIKVERGNÜGEN FAST JEDEN TAG

Bad Reichenhaller Philharmonie

23

Am Montag gibt es keine Musik. Dann ist es ruhig in der Musikrotunde oder im Musikpavillon im Königlichen Kurgarten. Aber ab Dienstag spielen die 40 Musikerinnen und Musiker der Bad Reichenhaller Philharmonie wieder aus ihrem reichhaltigen Repertoire. Sie können vieles und das sehr gut. Von der unterhaltsamen Salonmusik über muntere Operettenklänge zur dramatischen, tragischen Opernouvertüre und weiter bis zu den großen symphonischen Werken reicht das Programm. Gerade die Bandbreite zeichnet dieses Orchester aus.

Das spiegelt sich auch an den verschiedenen Spielorten wider. Die Kurpark Classics mit den leichten und bekannten Stücken finden bei schönem Wetter im Musikpavillon statt, ansonsten in der ehemaligen Wandelhalle, der jetzigen Musikrotunde. Es gibt dabei Mottokonzerte, Wunschkonzerte, Kammerkonzerte, aber auch die offene Musikwerkstatt, bei der das Publikum interessante Einblicke in die Probenweise eines Orchesters erhält. Im Sommer hört der Gast es sogar an manchen Tagen zweimal, spielt es doch abwechselnd vormittags, nachmittags oder abends. Dabei geht es ganz leger zu, diese Konzerte sollen einfach nur Freude machen.

Große Festivals wie die Mozart-Woche oder die Johann-Strauß-Tage finden im Maximiliansaal des Alten Königlichen Kurhauses statt. Die philharmonischen Konzerte hingegen kann man im Saal des Theaters Bad Reichenhall im Kurgastzentrum hören. Diese Aufzählung alleine reicht, um die Besonderheit des Orchesters aufzuzeigen: Es ist weltweit das einzige ganzjährig spielende Kurorchester. Bei einem Repertoire an über 500 Stücken kann kein Kurgast während seines Aufenthalts behaupten, etwas zweimal gehört zu haben. Das stellt natürlich hohe Anforderungen an die Musiker. Dabei wird großer Wert auf die spielerische Qualität gelegt und nicht umsonst hat sich das Orchester einen so guten Ruf erspielt.

♫ Im Juli findet das kostenlose Konzert ›Der Thumsee brennt‹ statt. Es ist eine Open-Air Veranstaltung mit abschließendem Feuerwerk, begleitet von klassischer Musik.

SPRUDELNDE LEBENSQUELLEN
Brunnenstadt Bad Reichenhall

Wasser tut gut. Es löscht den Durst, es erfrischt und es reinigt innen wie außen. Es gibt kalte Güsse und warme Fußbäder und das Heilwasser trägt seine gesund machende Eigenschaft schon im Namen. Wasser kann auch beruhigen, nämlich dann, wenn es plätschert. Demnach müssten die Bad Reichenhaller die ruhigsten Menschen überhaupt sein, denn rund 70 Brunnen finden sich in der Stadt, die munter vor sich hinsprudeln. Große Brunnen gibt es, kleine Trinkbrunnen, Brunnen mit auffälligen Figuren und versteckt liegende hübsche Brunnen, die entdeckt werden wollen. Wie wäre es also mit einem kleinen Brunnenrundgang?

Fangen wir mit einem großen Brunnen an, dem Atlas-Sole-Brunnen im Königlichen Kurgarten, direkt vor dem Gradierwerk. Gut, wir sind noch nicht lange unterwegs, aber trotzdem setzen wir uns in einen der bequemen Liegestühle, legen die Füße hoch auf den Brunnenrand, schauen dem Wasserspiel zu und atmen die mit Sole angereicherte Luft ein. Spätestens wenn der Wind sich dreht und einen kleinen Wasserschauer in unsere Richtung treibt, stehen wir gerne auf. Doch gleich werden wir noch nasser werden, nämlich in der Alpensole-Kneippanlage. Mit Storchenschritt durchs kalte Wasser lautet die Devise. Sehr elegant schaut das nicht aus, aber es regt den Kreislauf an.

Wer will, kann am Kaiser-Karl-Alpensole-Brunnen in der Wandelhalle Spülungen für den Rachen machen. Es gibt dazu einen extra Gurgelraum. Alle anderen schauen sich die Untersbergzwerge an, deren Köpfe die Leitungen zieren. Mit ihren Bärten und Mützen wirken sie recht grimmig, wie es sich für Zwerge geziemt. Der Brunnen selber ist aus rotem Adneter Korallenmarmor gearbeitet, der aus zu Stein gewordenem Meeresboden entstanden ist. Vor dem Kurmittelhaus der Moderne gibt es noch ein Wassertretbecken, aber da hier alle zuschauen können, lassen wir es und gehen vor zum Stadtbach. Der zieht sich die Salzburger Straße entlang durch die Fußgängerzone. In deren Mitte liegt der Wisbacherbrunnen. Um ihn gruppieren sich Stühle und Bänke, was ihn bei den Kurgästen sehr beliebt macht. Denn sitzen und den vorbeigehenden Menschen zuschauen ist bekanntermaßen ein wichtiger Bestandteil eines Kuraufenthaltes. Ob man hier seinen Kurschatten kennenlernen kann, darüber wollen wir schweigen.

Ein wenig versteckt in der Diana-Passage liegt der gelungene Dreimäderl-Brunnen des Berchtesgadener Bildhauers Hans Richter. Fröhlich tanzen die drei Mädchen um den Wasserstrahl und am liebsten würde man gleich mitmachen. Der Künstler hat sehr treffend die kindliche Freude der Mädchen eingefangen. Am Rathausplatz steht der Wittelsbacherbrunnen. Der Aufbau ruht auf vier Löwen, die dazugehörigen Wappen zeigen die vier damaligen bayerischen Regionen Bayern, Pfalz, Franken und Schwaben. Auf der Säule steht Bavaria, doch in einer jugendlicheren und schlankeren Form als in München. Bad Reichenhall ist halt ein richtiger Jungbrunnen. Darum gleich einen großen Schluck Wasser am dreieckigen Trinkbrunnen gegenüber genommen!

In der Poststraße wurde dem früher dort verlaufenden Bach der heutige Stadtbach nachempfunden. Er entspringt aus einem Quellstein, führt zu einem Fontänenbrunnen und endet im sogenannten Kristallbrunnen. In dem modernen Brunnen steigt das Wasser lautlos in Plastikröhren nach oben. Schade, denn gerade der moderne Mensch bräuchte mehr entspannendes Wasserplätschern. Lauschig unter alten Bäumen stehen zwei Brunnen in den Innenhöfen der Alten Saline. Auf dem einen steht der heilige Rupertus, der erste Bischof von Salzburg, und auf dem anderen der heilige Virgilius, der Patron der Bergmänner. Der Florianibrunnen am gleichnamigen Platz bildet den Abschluss unseres Brunnenspazierganges. Den einen oder anderen Brunnen haben Sie sicher am Weg noch entdeckt, aber wer über alle Brunnen etwas erfahren möchte, für den gibt es in der Touristinfo eine Brunnenfibel, in der alle 70 Brunnen aufgeführt werden. Übrigens, dort steht der große Rundbrunnen des Kurgastzentrums mit den drei windbewegten Edelstahlblüten.

EVANGELISCHE STADTKIRCHE /// KURSTRASSE 5 ///
83435 BAD REICHENHALL ///

RAUM FÜR DAS HIMMLISCHE JERUSALEM

Bad Reichenhall – Evangelische Stadtkirche

24

Haben sie genug barocke Kirchen besucht? Können Sie herumschwirrende pausbäckige Engel und großformatige Heilige nicht mehr sehen? Brauchen sie eine kleine Auszeit von der katholischen Pracht Oberbayerns? Dann ist die Evangelische Stadtkirche in Bad Reichenhall genau das Richtige für sie. Die 1881 im neugotischen Stil erbaute Kirche ist vor allem eines – ziemlich leer.

Der helle Innenraum mit seinen weißen Wänden, das naturbelassene Kirchengestühl und das hölzerne Spitztonnengewölbe sind sehr zurückhaltend, ohne karg zu wirken. Die große Kirche in einem vom Katholizismus geprägten Gebiet mag überraschen. Als der Kirchenbau geplant wurde, gab es nur 30 Protestanten in der Stadt, allerdings sehr viele evangelische Kurgäste. Unter ihnen wurde fleißig Geld für den Kirchenbau gesammelt.

Betritt man die Kirche, so fällt einem das Tympanon im Portal auf. Die moderne Darstellung der Sturmstillung durch Jesus steht in einem interessanten Gegensatz zu den neugotischen Formen.

Der weiße Innenraum gibt dem auffallenden Fresko im Chor genug Platz, sich zu entfalten und auf den Betrachter zu wirken. Es zeigt das Himmlische Jerusalem. Die 12 Tore aus der Offenbarung des Johannes umschließen eine große runde Fläche. Der eigentliche himmlische Ort bleibt ungemalt, denn er ist nicht darstellbar. Genauso bleibt die Schar der Erlösten in der Gruppe der Engel am oberen Rand unbestimmt. Vielleicht müssen wir den Platz selber füllen, mit unseren Freuden, Wünschen und Hoffnungen. Das Bild bezieht uns als Betrachter mit ein, es lässt viel Freiraum für unsere eigene Interpretation. Stammen die gekreuzten Balken am unteren Bildrand von der Krippe oder sind es die Kreuze, die jeder von uns mit sich trägt? Vielleicht zeigt uns das Bild, dass wir nicht auf alle Fragen hier auf Erden eine Antwort finden werden.

✎   Für Kurgäste und Urlauber gibt es ein reichhaltiges Angebot der evangelischen Gemeinde. Mehr Infos unter www.bad-reichenhall-evangelisch.de

Übersehen kann man das Café Reber nicht. Das bekannte Reber-Rot knallt schon von weitem durch die Fußgängerzone. Wie eine große Pralinenschachtel schaut es aus und auch innen hält man sich konsequent an die von der Verpackung der Mozartkugeln vorgegebene Farbpalette von Rot und Gold. Betritt man den Verkaufsraum, taucht man ein in eine rotgoldene süße Welt. Gerne würde man seine Sonnenbrille zücken, um die Farben etwas abzumildern, aber es gehört zu Bad Reichenhall einfach dazu.

Von unzähligen Pralinen schaut Wolfgang Amadeus Mozart persönlich herunter. Mit seiner weißen Lockenperücke und der roten Jacke sichert er den Pralinen einen hohen Wiedererkennungswert. Es war schon ein genialer Schachzug, den bekanntesten Komponisten als Werbefigur einzusetzen. Der Export geht heute in die ganze Welt. Doch auch der Geschmack einer Mozartkugel ist sehr einprägsam. Pistazien-Marzipan und Mandeln sowie Haselnuss-Nougat wird mit Schokolade umhüllt. Eine sehr süße Angelegenheit, der man aber gerne immer wieder erliegt. Neben den bekannten Mozartkugeln gibt es eine Fülle an verwandten Produkten. Vor allem die Pasteten mit ihren verschiedenen Füllungen haben ihre Liebhaber. Zum Verzehr vor Ort empfehlen sich die Kuchen und Torten aus der eigenen Konditorei, die wahre Sahneberge sind. Beliebt sind auch die Florentiner, eine Spezialität des Hauses. Dabei werden Mandeln, Honig, Butter und frische Sahne behutsam gebacken und in Schokolade eingetunkt. Die quadratischen Täfelchen sind knusprig süß, gelegentlich gibt es den etwas günstigeren Bruch im Geschäft zu kaufen.

Wer noch nicht genug von Mozart hat, sollte sich in den Cafégarten setzen. In ihm plätschert der Mozartbrunnen, bekrönt vom Komponisten. Seine Frau Constanze sitzt daneben, zusammen mit ihrem kleinen Hündchen. Mehr Mozart geht nun wirklich nicht.

✒ In den Sommermonaten findet jeden Samstag eine Mozart-Matinee statt. Musiker in Kostümen des Barock spielen beliebte Stücke des Komponisten.

REICHENHALLER HAUS /// NONN 81 /// 83435 BAD REICHENHALL ///
0 86 51 / 55 66 /// WWW.DAV-BADREICHENHALL.DE ///

Eigentlich schaut er gar nicht so hoch aus. Doch lassen Sie sich nicht täuschen, der Hochstaufen hat es in sich. Über den Normalweg, also linksrum, wenn man in Bad Reichenhall vor dem Berg steht, kann man ihn ganz gut erklimmen. Man geht über die Bartlmahd viele Serpentinen hinauf, ein Stück den Grat entlang bis zum Gipfelkreuz.

Um einiges schwieriger wird es, wenn man rechtsherum hinaufwill. Der erste Teil über die Buchmahd führt steil durch den Wald. Bis man zu den Felstürmen, dem sogenannten Steinernen Jager kommt. Von dort steigt man in den Ostgrat des Staufens ein, dem man nun folgt. Ein Stück, bei dem man sich besser konzentriert. Ausrutschen wäre hier nicht empfehlenswert. Quer, hinauf, quer, hinauf, dann wieder ein Stück gekraxelt, so geht es, bis man schließlich das Reichenhaller Haus über sich hat. Das war schon vorher einmal zu sehen und da dachte man noch, dass es nun nicht mehr so weit sein könne. Ein Trugschluss, wie man im Nachhinein feststellen musste. Irgendwie wird der Staufen immer breiter und länger.

Das Reichenhaller Haus ist im Sommer bewirtschaftet und da eine Materialseilbahn fehlt, muss alles zu Fuß hinaufgebracht werden. Nur gelegentlich transportiert ein Hubschrauber Vorräte nach oben. Hinter dem Haus steht an den Felsen gebaut eine kleine Kapelle. An ihr kommt man auf dem Weg zum 1.771 Meter hohen Gipfel vorbei. Vom Gipfelkreuz hat man einen 360°-Blick über den Chiemsee, das Salzkammergut und den Untersberg. Die Berchtesgadener Alpen breiten sich vor einem aus und im Anschluss die Chiemgauer Alpen. Die Alleinlage des Staufens macht es möglich. Von der Terrasse des Reichenhaller Hauses kann man in Ruhe das Panorama studieren und sich dabei für den Abstieg stärken. Hinab geht es am besten über den Normalweg – und wer rechts hoch ist und links runter, der ist einmal rundumadum gegangen.

✍ Der Pidinger Klettersteig an den Nordabstürzen des Hochstaufens gilt als einer der schwersten Klettersteige Deutschlands.

FLORIANIPLATZ /// 83435 BAD REICHENHALL ///

Betritt man den Platz zum ersten Mal, wird man sich unwillkürlich umdrehen und nach dem Zeitportal sehen, durch das man gerade getreten ist. Oder man wähnt sich in einer Filmkulisse und erwartet, dass jeden Augenblick der Regisseur »Action!« ruft. Doch nichts davon ist wahr, alles ist echt – die schmucken Häuser, die verwinkelten Gassen und die kleinen Geschäfte. Die historische Altstadt oder die Obere Stadt, wie sie hier genannt wird, wurde als einziger Teil von Bad Reichenhall vom großen Brand 1834 verschont. Er ist noch original erhalten, an einem Hausgiebel steht die Zahl 1672.

Gemütlich ist es hier. Mitten auf dem Platz steht der sanft vor sich hinplätschernde Brunnen mit der Figur des heiligen Florians obendrauf. Vier Kugelbäume rahmen ihn ein und sorgen für Schatten. Die Häuser mit ihren breiten Giebeln sind verschiedenfarbig angestrichen, an manchen wächst Efeu hoch oder eine duftende Kletterrose. Die Vorgärten haben noch keinem geteerten Parkplatz weichen müssen und sie sind üppig mit Blumen bestückt. Eine junge Mutter hat Wäsche zum Trocknen aufgehängt und eine Katze liegt träge auf dem Kopfsteinpflaster. Hier scheint nicht nur die Zeit stehengeblieben zu sein, sondern überhaupt langsamer zu laufen.

Künstler und Kunsthandwerker haben sich angesiedelt und ein Gemüseladen hat seine frischen Waren auf Holzständern vor dem Haus aufgebaut. Es ist ein typischer altbayerischer Dorfplatz, wie man ihn nicht mehr oft findet. Manche Häuser tragen Lüftlmalereien und versprühen alpenländischen Charme. Hinter dem Platz findet man den Peter- und Paul-Turm. Er ist einer der 14 Wehrtürme, die früher Bad Reichenhall bewachten. Man kommt ins Sinnieren, ob die alte Zeit nicht doch eine gute war. Aber das soll jeder selber entscheiden. Zum Träumen lädt der Platz auf jeden Fall ein.

☙ An Ostern wird der Florianibrunnen mit Tausenden handbemalten Ostereiern aufwendig geschmückt. Der Osterbrunnen ist unbedingt sehenswert.

KOCHSTUDIO JOSEF SCHOLZ /// THUMSEESTRASSE 33 ///
83435 BAD REICHENHALL /// 0 86 51 / 37 54 ///
WWW.KOCHENERNAEHRUNG.DE ///

SCHWEINSBRATEN MIT DIPLOM
Bad Reichenhall – Kochstudio Josef Scholz

Was gehört alles zu Bayern? Das Bier, die Lederhose und natürlich der Schweinsbraten. Er ist sozusagen das bayerische Nationalgericht. Doch ihn richtig ›g'schmackig‹ hinzubekommen, ist gar nicht so einfach. Wie es geht, das lernt man im Kochstudio von Josef Scholz in Bad Reichenhall.

Für den passionierten Koch steht und fällt ein guter Schweinsbraten mit der richtigen Soße. Sie ist sozusagen das Herzstück. Doch während sie zubereitet wird, kann der Braten schon einmal im Ofen schmoren. Darum wird zunächst seine Kruste rautenförmig eingeschnitten, gewürzt und dann in den heißen Ofen geschoben. Ein guter Braten braucht nämlich seine Zeit. Nun geht es daran, eine würzige Soße herzustellen, was ganz schön aufwendig ist. Küchenmeister Josef Scholz erklärt den Teilnehmern seiner Kochkurse alles ganz genau. Wie zum Beispiel die Schweineknochen angeröstet werden, denn die Röststoffe sorgen für den intensiven Geschmack. Zwiebeln und Karotten kommen auch noch mit in den Topf und das Ganze wird mit Brühe abgelöscht. Koch Scholz erläutert jeden Schritt und selbst erfahrene Köche können noch etwas von ihm lernen.

Bald zieht ein wunderbarer Duft durch seine Lehrküche und lässt allen das Wasser im Munde zusammenlaufen. Aber man braucht Geduld, schnell geht gar nicht bei einem original bayerischen Schweinsbraten. Für die Semmelknödel werden Semmeln vom Vortag in kleine Würfel geschnitten. Da sind sie noch etwas weich und ideal, um sie mit Milch, Eiern und Petersilie zu einem Knödelteig zu kneten. In siedendem Wasser werden die Knödel gegart. Langsam ist auch der Braten fertig. Jetzt noch das Bayerische Kraut mit kleinen Speckwürfeln verfeinern und nun kann alles auf den Tellern angerichtet werden. Gemeinsam wird der vorzügliche Schweinsbraten gegessen und am Ende erhalten alle als witzige Erinnerung ihr Schweinsbratendiplom.

🍤 Wer es etwas süßer mag, kann bei Koch Scholz auch ein Bayerisches Dampfnudeldiplom machen. Die luftig-leichte Köstlichkeit wird mit Vanillesoße gegessen.

PREDIGTSTUHLBAHN /// SÜDTIROLERPLATZ 1 ///
83435 BAD REICHENHALL /// 0 86 51 / 21 27 ///
WWW.PREDIGTSTUHLBAHN.DE ///

Die Predigtstuhlbahn gilt als älteste im Original erhaltene Großkabinenseilbahn der Welt. Mit ihrem Bau wurde 1927 begonnen und bis heute bringt sie die Gäste auf den 1.614 Meter hohen Reichenhaller Hausberg. Um Ängstliche gleich zu Beginn zu beruhigen, ist in der Talstation in einem Schaukasten das Tragseil ausgestellt. Dick genug scheint es zu sein und seit über 80 Jahren trägt es die beiden roten Großraumkabinen. In ihnen finden 25 Personen Platz und ein Kabinenbegleiter. Er schließt die Türe und lässt das Signal zur Abfahrt erklingen.

Erklärungen kommen nicht vom Band, sondern direkt von ihm. Ebenso Auskünfte, Wegbeschreibungen und Informationen zur Bahn. Das ist schön, denn es hat etwas Persönliches und wenn man Glück hat, zieht der Kabinenbegleiter seine Mundharmonika aus der Tasche, um einen Landler zu spielen. Als Antwort kann da schon mal ein Jodler kommen. Denn ein Jodler muss von selber aus der Magengegend nach oben steigen, dann ist er richtig.

Nach achteinhalb Minuten hat man die 1.150 Meter Höhenunterschied überwunden. Hier oben liegt das älteste Berghotel Deutschlands und ein Berggasthof. Beide sollen bald wiedereröffnet werden. Die Aussicht über Bad Reichenhall kann man dann wieder auf einer Terrasse bei Kaffee und Kuchen genießen.

Doch nicht weit entfernt liegt die Schlegelmulde, eine bewirtschaftete Almhütte. Geht man die eine Viertelstunde dauernde Gipfelrunde, kommt man etwas oberhalb an ihr vorbei. Wer möchte, steigt von dort ins Tal hinab. Doch aufgepasst, die Wege sind recht steil und man kommt nicht direkt an der Talstation wieder heraus. Also unbedingt sich über die Tour im Vorfeld klar werden und entsprechend planen. Fährt man mit der Bahn wieder zurück, kann man sich in dem kleinen Museumsraum über den Bau der Predigtstuhlbahn informieren.

✍ Es gibt ein Kombi-Ticket zusammen mit der RupertusTherme in Bad Reichenhall. Dort kann man sich nach einer anstrengenden Wanderung gut im warmen Wasser erholen.

STRANDBAD THUMSEE /// AM THUMSEE 3 ///
83435 BAD REICHENHALL /// 0 86 51 / 6 56 36 ///

Eigentlich muss man vom Besuch des Thumsees abraten. Vor allem dann, wenn richtiges Badewetter herrscht. Die schwierige Parkplatzsituation kann einem den Badeausflug vergällen. Die vorhandenen Parkplätze sind überfüllt und parkt man entlang der Straße, läuft man Gefahr, einen Strafzettel zu bekommen, was einer kalten Dusche nach dem Sonnenbad gleichkommt. Entweder Sie fahren gleich ganz in der Früh hin oder sie radeln hinaus. Leider verkehrt der Linienbus nur sehr selten. Am besten bleiben Sie dem Thumsee fern. (Denn dann bekomme ich vielleicht den Parkplatz, den Sie mir weggeschnappt hätten!)

Warum der Thumsee trotzdem ein Lieblingsplatz ist? Er ist einfach ein herrlicher Badesee, in einem Tal gelegen, mit frischem Wasser und allem drum herum, was man für einen Tag am See braucht. Es gibt ein Strandbad, auf dessen Speiseterrasse man auch verweilen kann, ohne Eintritt zu zahlen und zahlreiche Buchten, selbst ein kleiner Sandstrand ist darunter. Am beliebtesten ist die große Wiese vom Madlbauern. Frisch gemäht, können Sonnenanbeter ihr Handtuch in Idealposition bringen. Die leichte Hanglage lässt einen guten Blick auf den See von allen Plätzen aus zu. Beim Thumsee sitzen Sie immer in der ersten Reihe.

Außerhalb der Badesaison entschärft sich die Situation und einmal um den ganzen See herum ergibt den idealen Nachmittagsspaziergang. Seinen Namen leitet der Thumsee vom lateinischen ›dumosus‹ ab, was ›mit Gestrüpp bewachsen‹ bedeutet. Das klingt etwas prosaisch, und was bei den alten Römern Gestrüpp war, ist inzwischen zu schönen Bäumen ausgewachsen. Einmal im Jahr brennt der Thumsee, nämlich dann, wenn die Bad Reichenhaller Philharmonie (Seite 63) ihr jährliches Sommernachtskonzert gibt, das mit einem großen Feuerwerk über dem See endet. Hier verkehren Shuttle-Busse und lösen wenigstens an dem einen Abend das Parkplatzproblem.

✎ Vor dem Thumsee liegt ein Seerosensee, in dem seit 1936 neun verschiedene Seerosen gezüchtet werden. Ab Ende Juli blühen die Seerosen über und über.

KUGELBACHBAUER /// KUGELBACHWEG 12 ///
83435 BAD REICHENHALL /// 0 86 51 / 6 42 92 ///
WWW.KUGELBACHBAUER.DE /// WWW.HUBERBUAM.DE ///

KLETTERGARTEN DER HUBERBUAM

Bad Reichenhall – Klettergebiet Karlstein

In der Vertikalen fühlen sie sich zu Hause. Thomas und Alexander Huber, besser bekannt als Huberbuam, reizt die Herausforderung. Ob Arktis oder Antarktis, Pakistan oder Patagonien, nur die schwierigen Wände fordern sie heraus. Zur Vorbereitung ihrer Expeditionen allerdings zieht es sie immer wieder nach Karlstein. »Das Klettern hat dort eine lange Tradition«, erzählt Thomas Huber, der mit seiner Familie in Berchtesgaden lebt. »Schon unser Vater, von dem wir das Klettern gelernt haben, ist dort herumgekraxelt.«

Die Felswände des Karlsteiner Klettergartens sind leicht zu erreichen. Nur 15 Minuten vom Parkplatz weg beginnt das Kletterparadies. »Für jeden gibt es die passende Tour. Vom zweiten bis zum elften Schwierigkeitsgrad ist alles da«, schwärmt der Bergsteiger. »Das ganze Spektrum dieses Sports ist in diesem Gebiet abgedeckt.« Bei den schwierigen Routen gibt es nur kleine Leisten, an denen die Fingerspitzen einen Halt finden. Außerdem sind die Wände unübersichtlich, was sie gleichzeitig so interessant macht. »Derjenige, der durch die harte Schule Karlsteins gegangen ist, der ist ein guter Kletterer«, stellt Thomas Huber fest.

Auch wenn er schon längst alle Touren kennt, trifft man ihn dort öfters an. »In Karlstein gibt es eine eingeschworene Gemeinschaft. Man trifft sich am Fels, verbringt eine gute Zeit miteinander, unterhält sich und klettert natürlich.« Dieser soziale Aspekt ist Thomas Huber sehr wichtig. Nach der Anstrengung am Fels geht es zur Almwirtschaft Kugelbachbauer. »Wirtin Haidi Gruber ist unsere ›Klettermutter‹, sie kennt uns seit unserer Jugend.« In ihrem gemütlichen Gasthaus werden nochmal alle Routen vom Tag besprochen und Haidis Käsespatzen, die »uns so stark gemacht haben«, wie der Bergsteiger feststellt, dürfen dabei auf keinen Fall fehlen.

⚑   Thomas Huber empfiehlt, in Karlstein im Frühling oder Herbst zu klettern. Denn im Sommer kann es unter dem Blätterdach der Bäume ganz schön heiß und schwül werden.

AM ANFANG DER KLAMM LIEGT DER HAIDERHOF MIT EINEM LAUSCHIGEN
BIERGARTEN UND EINER URIGEN GASTSTUBE.

HAIDERHOF /// OBERJETTENBERG 6 /// 83458 SCHNEIZLREUTH ///
0 86 51 / 71 84 71 /// WWW.HAIDERHOF.DE ///

Mitzunehmen sind: Eine Picknickdecke, ein Badetuch, Sonnencreme, ein gutes Buch, zwei knackige Äpfel und eine Flasche Wasser, deren Kühlung der Bach übernimmt. Dann braucht man nur noch ein wenig in die Klamm hineinzuspazieren, sich ein lauschiges Plätzchen zu suchen und fertig sind die Zutaten für einen perfekten Sommertag. Die Kinder spielen sowieso die ganze Zeit am Wasser. Stellenweise fließt der Aschauer Bach recht gemütlich dahin, um sich dann wieder über eine Felskante in ausgespülte Gumpen zu ergießen.

Frisch und klar ist das Wasser der Klamm. Sie erstreckt sich über rund zweieinhalb Kilometer und ein schmaler, aber dennoch gut zu gehender Weg führt immer am Wasser entlang nach hinten, bis zur Klause. Die 150 Meter Höhenunterschied merkt man kaum, denn man wird ganz fasziniert sein von der Vielfältigkeit und Schönheit der Klamm. An ein paar Stellen allerdings sollte man die Kinder an der Hand nehmen, damit sie nicht abrutschen. Es ist keine Klamm großer Dramatik, sondern voller Schönheit. Es ist ein kleines Paradies, das man auf jedem Meter mit einem Foto festhalten möchte.

Das Wasser und die von ihm rundgespülten Steine, die steilen, aber nicht übermächtig aufsteigenden Wände fügen sich wie auf einem Gemälde harmonisch zusammen. Malerisch ragt da ein blank gescheuerter Ast aus dem Wasser, dort nimmt das Wasser einen türkisen Farbton an, als wäre es aus Aquarellfarben gemischt.

Das Ganze wird von vielen Blumen und Pflanzen am Rande begleitet. Schwer an ihren tiefblauen Blüten tragende Schwalbenwurz-Enziane blühen dicht an dicht. Die kleinen rosa Blüten des Alpenveilchens schieben sich vorwitzig durch das Gras und der hochgiftige Eisenhut setzt mit seinen stahlblauen Blüten besondere Farbakzente. Um das Bild perfekt zu machen, tänzeln munter kleine Schmetterlinge umher.

✐ So verführerisch die Blumenpracht auch ist, viele der Pflanzen stehen unter strengem Schutz. Darum Finger weg!

DER SAGENUMWOBENE UNTERSBERG IM MORGENDUNST.

SOLANGE DER KÖNIG SCHLÄFT

Untersberg

Das mit den Sagen ist nicht ganz einfach. Denn es gibt nicht nur die eine Sage vom Untersberg, sondern zahlreiche Versionen mit unterschiedlichen Gestalten, die am und im Untersberg leben sollen. Fangen wir mit dem bekanntesten Motiv an – mit dem im Berg schlafenden Karl dem Großen. Aber da wird es auch schon kompliziert. Denn manche sagen, es sei Kaiser Barbarossa, also Friedrich I. und andere wieder, es sei dessen Enkel, der letzte Stauferkaiser Friedrich II., der im Berg ruhe. Auf jeden Fall ist es ein großer Herrscher, der in seinem riesigen unterirdischen Reich schläft. Währenddessen wächst ihm sein Bart immer weiter, zwei Mal reicht er schon um den Steintisch herum, der vor ihm steht. Sollte er ganze drei Mal um den Tisch herum gewachsen sein, dann tritt die Welt in ihre letzte Zeit ein.

Dann wird es auf dem Walserfeld bei Salzburg zu einem großen Gemetzel kommen, das so blutig sein wird, dass das Blut den Kämpfenden in die Schuhe rinnt. »Es werden so viele Mannsleut bei dieser Schlacht draufgehen, dass die Weibsleut um einen Stuhl raufen, worauf jemals ein Mann gesessen«, heißt es in einer alten Schrift. Nur die guten Menschen werden von den Riesen des Untersberges geschützt, alle anderen sterben. Die Riesen sind Sagengestalten, die auf dem Untersberg leben sollen. Der bekannteste unter ihnen ist der Riese Abfalter. Ist er wütend, dann wirft er große Felsbrocken ins Tal, doch ansonsten ist er eher harmloser Natur. Wunderschön anzuschauen sind die wilden Frauen, wenn man ihnen denn begegnen sollte. Auch sie sind eher segensreich, außer man hat ihren Zorn auf sich gezogen. Das kann böse ausgehen und man muss für immer bei ihnen im Untersberg bleiben.

Reichlich belohnt wird man, wenn man sich mit den Untersbergzwergen gut stellt und ihnen einen Dienst erweist. Dann bekommt man Gold und Edelsteine aus ihrem unermesslichen Schatz. Viele Menschen haben schon nach dem Schatz im Untersberg gesucht und den Erzählungen nach wurde auch Gold gefunden, aber keiner der Goldsucher konnte die Fundstelle ein zweites Mal finden.

Also besser sich schon beim ersten Mal die Taschen richtig vollstopfen. Die Zwerge umsorgen auch den Kaiser im Berg und wenn die Schlacht am Walserfeld ansteht, dann wird der Kaiser mit seinen Gefolgsleuten herausreiten und die Schlacht für sich gewinnen. Es wird auch erzählt – es ist halt nichts einfach bei den Sagen –, dass der Kaiser alle hundert Jahre aufwacht und einen Edelmann zum Geiereck schickt, um zu sehen, ob er noch immer von Raben umflogen wird. Denn erst wenn keine Raben mehr dort sind, können der Kaiser und sein Hofstaat aus dem Berg ziehen. Ansonsten müssen sie weitere hundert Jahre schlafen.

Immer wieder gibt es Berichte, nach denen Menschen im Untersberg verschwunden waren und viele Jahre später erst wieder auftauchten. Den Bergentrückten kam es aber gar nicht so lange vor. Einer, der tief hinein in die Unterwelten gelangte, war der Reichenhaller Stadtschreibergehilfe Lazarus Gitschner. Man schrieb das Jahr 1523, als er einen Mönch am Berg traf, der ihn in das Innere führte. Gar Wunderliches bekam der Gehilfe zu sehen. Ein prächtiges Gebäude, einem Kloster gleich, in dessen Kirche es mehr als zweihundert Altäre gab, über dreißig Orgeln und lieblich klingende Glocken. Der Lazarus Gitschner ist aus dem Staunen nicht mehr herausgekommen. Auch viele Könige und Bischöfe sah er und dazu zahlreiches Volk. Der Mönch zeigte ihm zwölf Türen, die zu den zwölf Kirchen rund um den Untersberg führten. Nach sieben Tagen schickte der Mönch den Lazarus Gitschner wieder heim, aber nahm ihm vorher das Versprechen ab, erst in 35 Jahren von seinen Erlebnissen zu berichten. Manche Quellen berichten von Weissagungen, die Lazarus ebenfalls mitbekommen haben soll. Der geheimnisvolle Berg fasziniert nach wie vor die Menschen und so ganz sicher kann man sich nicht sein, ob tief im Innern nicht doch der Bart des Kaisers immer weiter um den Tisch wächst.

ASCHAUERWEIHERBAD /// ASCHAUERWEIHERSTRASSE 85 ///
83483 BISCHOFSWIESEN /// 0 86 52 / 33 66 ///

SOMMERSPASS UND WINTERVERGNÜGEN
Bischofswiesen – Aschauerweiher

Schwimmen kann man im ›Aschi‹ seit über 125 Jahren. Der Naturweiher sorgte mit seinem frischen Wasser stets für Abkühlung. Inzwischen ist er zu einem Naturbad umgestaltet worden. Das heißt, dass er ohne Einsatz von Chemie auskommt – die Säuberung des Wassers übernimmt ganz einfach die Natur: In einem Regenerationsbereich wachsen Filterpflanzen, die das Wasser wiederaufbereiten. Das gereinigte Wasser fließt zurück in das Schwimmbecken. Der Kreislauf schließt sich und damit heißt es ›Alles Natur‹ im Aschauerweiher.

Auf 4.000 Quadratmetern kann man nach Herzenslust baden. Für Schwimmer gibt es genug Platz, ebenso für Nichtschwimmer. In einem abgesonderten Bereich kommen alle Wasserbombenhüpfer und Kopfvorausspringer auf ihre Kosten. Für die ganz Kleinen gibt es ein extra Becken, in dem das beliebte Piratenboot schwimmt. Am seichten Kiesstrand kann man sich gemütlich hinsetzen und die Kinder sausen gerne über die schwingende Holzbrücke. Jeder Wasserliebhaber wird sein Plätzchen hier finden, denn die Liegewiesen sind groß und bieten schattige und sonnige Fleckchen. Dass man einen herrlichen Blick auf die Berge hat, ist sozusagen das Zuckerl auf dem Ganzen.

Aber Sie sind kein Wasserfrosch und mögen die Sommerhitze nicht? Dann besuchen Sie halt das ›Aschi‹ im Winter und nehmen die Langlaufski mit. Denn dann verwandelt sich der Aschauerweiher in ein Langlaufzentrum. Ganze 20 Kilometer bestens gepflegte Loipen lassen sich befahren, sowohl im klassischen Stil als auch zum Skaten. Dabei reicht der Schwierigkeitsgrad von der kurzen Runde bis zur anspruchsvollen rund fünf Kilometer langen Tour. Die Loipen führen über Felder, Hügel und Wälder, die Berge immer im Blick. Ein Teil der Loipe wird beschneit und Flutlicht sorgt dafür, dass der Freizeitsportler auch abends seine Runden ziehen kann. Das ›Aschi‹ bringt Sie im Sommer wie im Winter in Bewegung.

Ist das Naturbecken zugefroren, kann man darauf Schlittschuh laufen oder Eisstock schießen. Daneben hat eine Gastwirtschaft das ganze Jahr geöffnet.

MÄRCHENPFAD BISCHOFSWIESEN /// ASCHAUERWEIHERSTRASSE 85 ///
83483 BISCHOFSWIESEN ///

Es war einmal ein wunderschöner Wald. Alte Bäume wuchsen darin und ein zwei Kilometer langer Rundweg durchzog ihn. Der lichte Wald fand es sehr schön, wenn die Menschen durch ihn hindurchspazierten. Vor allem die vielen Kinder liebte er, die in ihm so viel zu entdecken fanden, denn man hatte lauter geschnitzte Märchenfiguren in ihm aufgestellt. Die Kinder kannten alle Märchen oder bekamen sie von ihren Eltern erzählt, nur dem Wald hatte noch nie jemand ein Märchen erzählt.

Da sah er eines Tages ein kleines Mädchen an einer der Figuren stehen. Er nahm sich all seinen Mut zusammen und sprach sie an. »Servus«, sagte er mit seiner etwas hölzern klingenden Stimme. »Ich bin der Wald. Wer bist du denn?« Das Mädchen erschrak, aber nicht sehr, denn Kinder sind es noch gewohnt, dass die Dinge zu ihnen sprechen, und sie antwortete: »Ich heiße Clara!« Nun war der Wald sehr neugierig und fragte sie nach dem Märchen, das in den Baumstamm geschnitzt war. »Aber Wald«, sagte das Mädchen überrascht, »das ist doch die Geschichte von Rapunzel, die kennt doch jeder!« »Ich nicht«, sagte der Wald etwas kleinlaut. So begann Clara, dem Wald das Märchen von Rapunzel zu erzählen. Dann ging sie zur nächsten Figur und erzählte dem aufmerksam lauschenden Wald deren Geschichte. Wenn Clara einmal nicht weiterwusste, schaute sie auf die Schilder. Dort gab es einen kurzen Text, der in das Märchen einführte und Bilder, auf denen die wichtigsten Teile der Geschichte dargestellt waren. Mit dieser Hilfe konnte sie dem Wald alle elf Märchen erzählen.

Clara zeigte dem Wald aber auch den lustigen Troll oder das freche Murmeltier und beide zusammen zählten die Jahresringe an einem Baumstumpf. Dann waren sie am Ende des Pfades angekommen. »Hab vielen Dank«, knarzte der Wald. Clara umarmte einen Waldbaum zum Abschied und versprach, bald wiederzukommen.

✍ Erst durch den Märchenpfad wandern und dann ins kühle Wasser des Aschauerweiherbades springen – eine ideale Kombination.

GÖTSCHEN SKI-CENTER /// KOLLERTRADTE 17 — 19 ///
83483 BISCHOFSWIESEN-LOIPL /// 0 86 52 / 76 56 ///
WWW.GOETSCHEN.COM ///

Sie fahren gut Ski, das älteste Kind traut sich nicht an steile Hänge und die Kleinste steht zum ersten Mal auf den Skiern? Dann ist das Skigebiet am Götschen genau das Richtige für Sie. Denn hier gibt es für jeden die passende Abfahrt. Fangen wir bei Anfängern an. Am Kollerlift mit seinem flachen Hang kann jeder das erste Gefühl für die beiden Bretter entwickeln, auf denen er über den Schnee gleitet. Der Lift besteht aus einem Stahlseil mit Griffen, an denen man sich einfach nur festzuhalten braucht. Hier kann man sich zuerst an das Liftfahren gewöhnen.

Denn etwas schwerer wird es dann, sich am kleinen Schlepplift hochziehen zu lassen. Bekanntermaßen ist es gar nicht so leicht, Ski, Stecken und Bügel gleichzeitig in die richtige Position zu bringen. Hat man aber den Bogen einmal heraus, sorgt die leichte Abfahrt für erste Erfolge und stolz machendes Fahrvergnügen. Ganz schön steil geht der große Schlepper hinauf, denn er führt die FIS-Abfahrt entlang. Dafür steigt man am besten Stück der roten Abfahrt aus und kann herrlich hinunterschwingen.

Bequem nach oben gelangt man mit der Dreiersesselbahn. Die Götschenkopfbahn bringt Sie bis an den Gipfel. Nun haben Sie die Wahl zwischen der FIS-Abfahrt vorne hinunter oder hinten herum die leichtere Familienabfahrt. Je nach Können, Lust und Laune geht es zurück zur Liftstation. Die Familienabfahrt macht ihrem Namen alle Ehre, denn der geübte Anfänger kann sie mit Pflugschwüngen bewältigen und die etwas besseren können entsprechend schneller sausen. Bei den beiden Ziehstrecken gehen Sie tief in die Hocke, klemmen die Stöcke unter die Arme und sausen mit Schuss dahin. Die große Abfahrt vorne bietet ein paar anspruchsvolle Stücke, die der Könner wedelnd mit Eleganz hinabsausen kann. Schneekanonen sichern einen Teil der Strecke, doch es geht halt nichts über frischen Schnee.

ℰ   Der Götschen ist auch bei Skitourengehern sehr beliebt. Sie starten im Tal und hinab nehmen sie dann die schwarze Piste, die allerdings keine Anbindung zum Lift hat.

DAV
Deutscher Alpenverein

Berg:Sessel

BERGSTEIGERHAUS GANZ /// WATZMANNSTRASSE 4 ///
83483 BISCHOFSWIESEN /// 0 86 52 / 9 76 46 20 ///
WWW.KLETTERZENTRUM-BERCHTESGADEN.DE ///

Sportklettern hat sich zum familientauglichen Trendsport entwickelt. Dabei braucht man Technik, Kraft und Ausdauer. Im Berchtesgadener Talkessel wurde natürlich immer schon gekraxelt und deshalb entstand hier schon 1991 die erste Kletterhalle des Deutschen Alpenvereins. Nur wurde diese mit der Zeit zu klein – nun ist sie vergrößert worden.

Unabhängig von Wetter und Jahreszeit erklimmt man im Bergsteigerhaus Ganz die Wände. Auf 1.755 Quadratmetern kann man heute nach Herzenslust und vorhandener Armkraft klettern. Vom Anfänger bis zum geübten Kletterer, für jeden ist eine ihm angemessene Tour dabei. Insgesamt gibt es 200 Routen vom dritten bis zum zehnten Schwierigkeitsgrad. Sie darf sich größte Kletteranlage zwischen Linz und München nennen und entspricht den modernsten Standards. Mit einer Wandhöhe von 15,50 Metern und bis zu 4 Metern ausladenden Überhängen lässt sich von leicht bis schwer alles klettern. Dabei fällt der Blick immer wieder durch die großen Fenster hinaus in die ›richtigen‹ Berge.

Fast wie im freien Fels fühlt man sich an der Außenkletterwand. Sie liegt an einer Hangkante und vermittelt das kribbelnde Gefühl der Ausgesetztheit. Wer seine Grenzen austesten oder einzelne Griffe ausprobieren will, dem bietet der Boulderraum dazu genug Möglichkeiten. Der Raum ist mit Fallschutzmatten ausgelegt und ohne Seilsicherung lassen sich hier extrem schwierige Passagen üben. Im Kletterzentrum kann man sich die Ausrüstung ausleihen und außerdem werden zahlreiche Kletterkurse angeboten. Dabei liegt ein besonderer Blick auf Familien, die sich an einem Nachmittag der Herausforderung Klettern stellen und neue Erfahrungen sammeln möchten. Es ist ein tolles Gefühl, eine Route bezwungen zu haben, dabei schwierige Stellen gemeistert und manchmal auch den eigenen inneren Schweinehund überwunden zu haben.

🕐 Im Kletter-Café hat man einen tollen Blick auf die Kletterwände. Das Café ist auch für Nicht-Kletterer geöffnet, die den anderen beim Kraxeln zusehen möchten.

GUT VORBEREITET ZUM GIPFELGLÜCK

Sicher am Berg

Ganz in der Früh geht man los. Ruhig ist es noch im Tal, der Morgentau glitzert auf den Weiden. Zügig schreitet man hinauf, bis die Sonne über den Berg bricht. Bald wird es warm, und irgendwann kommt der Gipfel in Blick. Schließlich steht man oben, atmet durch, schaut in die Weite und ist einfach nur glücklich. So ist der ideale Ablauf einer Bergtour. Doch damit sich das Gipfelglück auch einstellt und man gut hinauf- und wieder hinabkommt, gibt es ein paar Dinge zu beachten.

Zunächst gilt es, die richtige Ausrüstung zusammenzustellen. Dabei sind die Bergschuhe der wichtigste Teil. Die Auswahl ist heute riesig und für jeden Fuß wird sich das richtige Paar finden lassen. Bevor man zu einer Tour aufbricht, sollten sie auf jeden Fall gut eingelaufen sein, denn mit wundgelaufenen Füßen und Blasen wird man den Gipfel kaum erklimmen. Was man zum Wandern anzieht, das bleibt jedem selber überlassen. Schaut man sich alte Fotos an, auf denen die Bergsteiger mit schweren Wollhosen und Jacken auf die Berge gekraxelt sind, sieht man, dass es so auch geht. Die modernen Textilien mit ihren verschiedenen den Schweiß transportierenden Zonen sind höchste Wissenschaft und der Wanderer steht meistens etwas irritiert im Laden. Aber auch hier muss jeder selber entscheiden, was zu ihm passt und was er für notwendig hält. Es empfiehlt sich, beim Anziehen das Zwiebelprinzip zu verfolgen. Wichtigste Regel lautet hier: Keine Schicht aus Baumwolle anziehen. Denn diese saugt sich mit Schweiß voll, gibt ihn nur langsam wieder her und wärmt dann nicht. Ein Ersatzhemd im Rucksack schadet nicht, denn ein Wäschewechsel am Gipfel verhindert ein zu schnelles Auskühlen.

Oft vergessen, aber sehr wichtig ist die Sonnencreme und eine Kopfbedeckung. Die Sonneneinstrahlung in den Bergen ist stärker und wer will schon zu jenen vom Sonnenbrand gezeichneten Touristen gehören, die im Tal abends von selber leuchten? Ein Rucksack darf nicht fehlen, doch denken Sie daran, jedes zusätzliche Gramm kann ganz schön schwer auf dem Weg werden. Woran nicht gespart werden darf, ist das Trinken. Man rechnet grob mit 250 Millilitern Flüssigkeit pro Stunde, wegen ihres Mineralgehalts ist Apfelschorle ideal. Verlassen Sie sich nicht darauf, dass alle Almen bewirtschaftet und die Berghütten offen sind, ebenso nicht darauf, überall Handyempfang zu haben. Auch gibt es immer dann keinen klaren Gebirgsbach, wenn man ihn sehnlichst herbeiwünscht.

Fast selbstverständlich ist es, passendes Kartenmaterial dabeizuhaben. Gerade wenn man sich nicht wirklich gut auskennt, ist das unabdingbar. Lieber etwas am modischen Outfit sparen und dafür in gute Karten und Wanderführer investieren. Zur richtigen Vorbereitung gehört auch, sich und sein Können richtig einzuschätzen. Es ist schön, seinen Körper an die Grenze zu bringen, ihn richtig zu fordern und seine Fitness zu steigern. Aber die Grenzlinie ist sehr schmal und ehe man es sich versieht, hängt man am Rettungshubschrauber der Bergwacht am Tau – das ist in dem Fall kein Abenteuer. Eine ehrliche Einschätzung der eigenen Leistung ist gefragt.

Ein wichtiges Thema ist das Wetter. Bekanntlich kann es in den Bergen sehr schnell umschlagen. Und glauben Sie mir, sehr schnell heißt sehr schnell. Plötzlich ist es dunkel und gewaltige Gewitter ziehen auf, obwohl fünf Minuten vorher noch ein wunderbarer weißblauer Himmel über einem stand. Also informieren Sie sich vor Ort über die Wettervorhersage.

Ein rücksichtsvolles Verhalten am Berg ist eine traditionelle Tugend für alle, die in den Bergen unterwegs sind. Ob der Bergaufgehende oder der Bergabgehende den Vortritt hat, darüber gibt es unterschiedliche Meinungen. Darum sollte man sich je nach Situation freundlich darüber einigen. Dass man in den Bergen so ab 2.000 Metern mit ›Du‹ angesprochen wird, ist nicht respektlos gemeint, sondern ist ein Zeichen für die Gemeinschaft am Berg. Der beste Bergkamerad bleibt die Besonnenheit. Mit ihr und etwas Schweiß steht dem Gipfelglück nichts mehr im Wege.

JÄGERKASERNE STRUB /// GEBIRGSJÄGERSTRASSE 3 ///
83483 BISCHOFSWIESEN ///

WILDE GESELLEN IN FELL UND STROH

Bischofswiesen – Buttnmanndllaufen in der Strub

Jeden 5. und 6. Dezember ist der ganze Berchtesgadener Talkessel auf den Beinen. Wer kann, kommt selbst von weit her, nur um an diesen beiden Tagen die Buttnmanndln mitzuerleben. Es ist gar nicht so einfach, diesen Brauch zu erklären und seine Faszination zu beschreiben. Für die Einheimischen hängen viele Kindheits- und Jugenderinnerungen daran. Für Gäste ist es ein ungewöhnliches Spektakel, das in seiner Fremdartigkeit in Erstaunen versetzt.

Gut kann man den Brauch an der Gebirgsjägerkaserne in der Strub erleben. Seit über 30 Jahren haben die Gebirgsjäger eine eigene Pass, so nennt man eine Gruppe von Buttnmanndln. Am Nachmittag des 5. Dezember öffnen sich die Tore und zunächst kommt der heilige Nikolaus in seinem Bischofsgewand heraus. Auf einem Wagen begleitet ihn eine ganze Schar Engel, die Schokonikoläuse an die Kinder verteilen. Doch den in Stroh und Fell gewandeten Gestalten wird die größte Aufmerksamkeit zuteil.

Die Buttnmanndln sind in Stroh gebunden, tragen furchterregende ›Loafn‹, das sind Masken, die aus Tierfell genäht oder aus Holz geschnitzt sind, und haben große Kuhglocken umgebunden. Ihr dumpfes Geläut ist wahrlich infernalisch und fährt einem in Mark und Bein. Sie sind mit Ruten ausgerüstet, genauso wie die Ganggerl. Diese sind ganz in zottiges Fell gehüllt und verpassen den Umstehenden Schläge, vor allem den jungen Mädchen. Die Pass, wie die Gruppe von finsteren Gestalten genannt wird, und von denen es in jedem Ortsteil einige gibt, zieht weiter in den Markt Berchtesgaden.

Üblicherweise kommt der Nikolaus zusammen mit den Buttnmanndln in die Bauernhäuser, um die Kinder zu besuchen. Wobei die Buttnmanndln bei ihnen einen tiefgreifenden Eindruck hinterlassen, der zeitlebens bei einem Berchtesgadener anhält.

✍ Bei einer Pass dürfen nur unverheiratete Männer mitlaufen und ihr steht ein Buttnmanndlmoaster, also ein Meister, vor. Ab Herbst treffen sie sich und bereiten sich auf diese beiden Tage vor.

BACHMANNKAPELLE /// VIERRADWEG /// 84383 BISCHOFSWIESEN ///

DER VERSTEINERTE BÖSE KÖNIG
Bischofswiesen – Bachmannkapelle

37

Der Watzmann überragt alles. Die Bewohner freuen sich, wenn seine Spitze von Wolken umhangen ist. Denn es gilt der Spruch: Hat der Watzmann einen Hut, wird das Wetter gut. Von Bergsteigern geliebt und gefürchtet wird sein Hinterteil – die berühmte Ostwand. Sie bietet 1.800 Meter steilen Fels.

Einen schönen Blick auf den markanten Berg genießt man von der etwas versteckt liegenden Bachmannkapelle. Sie steht am Vierradweg, der neben einer Steilstelle vor allem durch seine Einspurigkeit auffällt. Doch es lohnt sich, denn die Kapelle liegt einfach zu idyllisch. Das gesamte Tal breitet sich vor einem aus und am Ende erhebt sich das Watzmannmassiv.

Der Sage nach war der Watzmann ein grausamer König, der zur Strafe zusammen mit seiner Frau und ihren sieben Kindern zu Stein verwandelt wurde. Seitdem sitzt er also nun gar nicht mehr grausam, sondern überaus malerisch da. Die kleinere Watzmannfrau zu seiner Linken und im Kar dazwischen die Kinder. Ein Werbedesigner hätte das nicht besser anordnen können. Langsam schwingt sich die Linie von links nach rechts hinauf, so als würde jemand seinen Namen schreiben. Vieles trägt in Berchtesgaden diese Unterschrift. Die schöne Silhouette findet sich fast in jedem Logo vor Ort – ohne Watzmann geht es halt nicht.

Seine Überschreitung ist nur geübten Bergwanderern zu empfehlen und die Ostwand gar ist nur etwas für erfahrene Bergsteiger. Schon mehr als 100 Menschen sind in der Ostwand tödlich verunglückt. Da zeigt sich doch die grausame Seite des Königs. Vom Tal aus sind nie alle sieben Kinder, also die sieben kleinen Gipfelchen, zu sehen. Ein Teil wird von der Watzmannfrau verdeckt. Das sind die ganz kleinen Kinder, die hat sie bei sich auf dem Schoß. Übrigens, der Watzmann darf sich der höchste Berg Deutschlands nennen, dessen Basis ganz auf deutschem Gebiet liegt. Das hat er der Zugspitze voraus.

✍ Suchen Sie einen romantischen Ort für einen Heiratsantrag? Die Bachmannkapelle eignet sich besonders dafür.

Ich stehe auf dem 2.651 Meter hohen Hocheck und schaue auf die Mittelspitze des Watzmanns hinüber. Es ist Anfang Oktober, die Sonne scheint und die Bedingungen sind ideal. Den Schnee, der schon auf dem Gipfel gefallen war, hat die Herbstsonne weggeschmolzen. Der Aufstieg von Hammerstiel bis zum Watzmannhaus durch den morgendlichen Wald war herrlich. Weiter ging es dann über die Nordflanke, links die Steilabbrüche ins Watzmannkar, rechts die Watzmanngrube, bis ich das Hocheck erreicht habe, den ersten der drei Watzmanngipfel.

Bei dem herrlichen Bergwetter bin ich nicht der einzige, der unterwegs ist. Viele haben im Watzmannhaus übernachtet und wollen nun die berühmte Watzmann-Überschreitung gehen. Ich möchte nur bis zur Mittelspitze hinüber, dem höchsten Gipfel. Der Weg würde nur noch eine knappe Stunde den Grat entlangführen und dann wäre ich auf dem 2.413 Meter hohen Gipfel. Es ist mein letzter der elf Gipfel, mein letzter Lieblingsplatz, über den ich berichten will. Auf allen anderen zehn Gipfeln war ich oben und nun steht das Sahnehäubchen bevor, der wichtigste, da auch höchste Gipfel der Berchtesgadener Berge.

Und ich kann nicht. Ich sehe den Grat und schaue in die Tiefen hinunter. An den exponierten Stellen sind zwar Eisensicherungen angebracht, aber mir scheint es, als würde man auf einer Messerschneide entlangbalancieren müssen. Nach und nach machen sich die anderen Bergsteiger auf, um zum höchsten Punkt zu gelangen. Am gar nicht so weit entfernten Gipfelkreuz sehe ich sie stehen und die Aussicht und das Gipfelgefühl genießen. Ich ringe mit mir. Es ist praktisch die letzte Chance für den Gipfel, bevor ich das Manuskript abgebe. Doch heute traue ich mich nicht, muss eingestehen, Angst davor zu haben. Von mir selber enttäuscht kehre ich um. Doch vielleicht ist es manchmal ganz gut, das Gipfelglück nicht zu erzwingen.

✍ Wer die Überschreitung der drei Watzmanngipfel plant, sollte sehr früh losgehen oder im Watzmannhaus übernachten. Es ist eine sehr lange und kräftezehrende Tour.

NATIONALPARK-INFOSTELLE WIMBACHBRÜCKE ///
WIMBACHWEG 2 /// 83486 RAMSAU ///

STEINE IN BEWEGUNG
Ramsau – Wimbachgries

38

Wer mit Kindern in das Wimbachgries geht, sollte unbedingt Kleidung zum Wechseln mitnehmen. Denn gleich nach der sehenswerten und abenteuerlichen Wimbachklamm findet sich das, was Kinder und auch die Väter für lange Zeit beschäftigt – kleine Bäche und viele Steine. Beides zusammen ergibt eine wunderbare, wenn auch feuchte Kombination.

Was die Kinder im Kleinen machen, erledigt im Wimbachgries die Natur im großen Stil. Sie schiebt munter die Steine hin und her und lässt das Wasser mal da und mal dort fließen. Spaziert man weiter in Richtung Wimbachschloss, was man selbst mit einem Kinderwagen leicht schafft, oder hinein ins Gries bis zur Wimbachgrieshütte, dann kann man erahnen, was für gewaltige Kräfte hier am Werk waren und noch immer sind. Denn eigentlich gab es einmal einen hohen Berg zwischen Watzmann und Hochkalter, dessen höchste Stelle über dem heutigen Tal stand. Der Berg verschwand, wurde zerrieben von den Naturkräften. Übrig blieben nur die Bergflanken, eben Watzmann und Hochkalter und die beeindruckenden Schuttströme. Unmerklich bewegen sie sich Richtung Tal, jedes Jahr sind es 4.500 Tonnen.

Es ist eine Landschaft von einem ganz eigenen Reiz. Je weiter man in das Tal hineinwandert, umso karger wird die Vegetation. Die steil aufstrebenden Bergwände umrahmen das Wimbachgries und zweigt man an der Wimbachgrieshütte ein wenig vom Weg ab und steigt bis an die Füße der Palfenhörner, kann man eine stille Abgeschiedenheit erleben.

Irgendwann wird es diese Berge nicht mehr geben, denn der Verwitterungsprozess ist noch in vollem Gange. Was ist schon Zeit, mag man angesichts der langsam, aber stetig wirkenden Naturkräfte denken. Darum sollte man umso mehr diesen Moment in der Natur genießen. Die Wanderung ins Gries ist mit ihrer leichten, aber stetigen Steigung auch gut für Wanderanfänger zu schaffen.

✎ An der Nationalpark-Informationsstelle Wimbachbrücke am Anfang des Wimbachgrieses erfährt man alles zu seinen geologischen Besonderheiten und den dort lebenden Tieren und Pflanzen.

BUSHALTESTELLE KALTBACHLEHEN /// ALPENSTRASSE ///
83486 RAMSAU ///

Auf 250 bis 300 Jahre wird der Bergahorn in der Ramsau geschätzt. Er bringt einen Umfang von stolzen sechs Metern zustande und ist somit der zweitdickste Bergahorn Deutschlands. Sein leicht gedrehter Stamm und die knorrigen Äste geben ihm ein ganz markantes Aussehen.

Dass er heute noch steht, hat er einer Besonderheit der bäuerlichen Kultur zu verdanken, nämlich den sogenannten ›Tratten‹. Dies ist eine besondere Weideform, die es in dieser Art nur im Berchtesgadener Raum gibt. Jene besagten Weiden waren früher in landesherrlichem Besitz und gewährleisteten zwischen den Höfen und Weilern eine öffentliche Wegverbindung. Doch auch für die Bauern hatten sie eine wichtige Aufgabe. Zwar war es nicht ihr Grund, trotzdem durften sie dort ihr Vieh vor und nach dem Almabtrieb weiden lassen. Außerdem hatten sie das Recht, in den Tratten zu ›schwenden‹, das heißt, den Jungwuchs an Bäumen zu beseitigen, damit die Weide nicht zuwuchs.

Da die Bauern auch am Laub der Bäume interessiert waren, ließen sie in aller Regel ein paar Bäume auf den Tratten im lockeren Verband stehen. So auch jenen Bergahorn mit dem inzwischen dicken Stamm. Gerne wurde der Bergahorn in den Tratten gepflanzt, weil er guten Nutzen versprach. Sein Holz wurde für das heimische Holzhandwerk gebraucht, aber vor allem wurde das Laub als kostenloser Strohersatz in die Ställe eingestreut.

Noch heute sieht man im Berchtesgadener Talkessel viele dieser Baumgruppen und immer noch wird das Laub für den Winter zusammengerecht. In großen Laubtüchern bringen es die Bauern dann heim in den Stall. Die Bäume bieten einen wertvollen Lebensraum für Pflanzen und Tiere. Besonders schön sind sie im Herbst, wenn ihre Laubfärbung bunte Tupfer in die Landschaft zaubert. Die Menschen damals schufen mit ihrer Arbeit das typische Landschaftsbild von heute.

🖎 In der Nähe steht die bekannte Hindenburglinde. Sie ist fast 1100 Jahre alt und ihre mächtige Krone misst 38 Meter.

TALSTATION HIRSCHECK SESSELBAHN ///
SCHWARZECKER STRASSE 80 /// 83486 RAMSAU /// 0 86 57 / 3 68 ///
WWW.HOCHSCHWARZECK.INFO ///

AUF DEN SCHLITTEN, FERTIG, LOS!
Ramsau – Hirscheckblitz

40

Heißajuchee, die Kufen sausen über den glatten Schnee, der Fahrtwind bläst einem ins Gesicht und man muss versuchen, die Kurven in Ideallinie zu nehmen. Wie wunderbar frei man sich dabei fühlt, eine fast vergessene Kindheitsfreude steigt hoch. Wer sagt, dass nur Kinder beim Schlittenfahren Spaß haben dürfen? Auch Erwachsene kommen dabei voll auf ihre Kosten.

Besonders gut geht es auf der Naturrodelbahn am Hochschwarzeck in der Ramsau. Denn diese wird richtig präpariert und so bleibt man auch bei viel Schnee nicht stecken, daher ist sie auch für Rodelanfänger geeignet. Die Profis hingegen werden das stetige Gefälle zu schätzen wissen.

Gelenkt wird mit Ferseneinsatz, dabei spritzt der Schnee in hohem Bogen auf, eine Skibrille ist hier empfehlenswert. Gebremst wird ebenfalls mit den Füßen, doch wer will schon bremsen? Bei einem Gefälle zwischen 16 und 24 Prozent kann man wunderbar dahinsausen. Anders als die kleinen Hügel der Kindheit ist diese Rodelbahn ganze 2,3 Kilometer lang. Auf der Naturrodelbahn verteilen sich 16 Kurven. Doch keine Angst, hinausschleudern kann es keinen aus den Kurven, sie sind mit Netzen gesichert.

Natürlich hält man ausreichend Abstand zum Vordermann, oder überholt ihn zügig. Es soll allen Spaß machen. Nur wenn man auf der Strecke stehen bleibt, sollte man daran denken, den Rodel festzuhalten. Sonst fährt er ohne einen ins Tal. Es ist toll, dass auf der Rodelbahn keine Fußgänger oder Skitourengeher unterwegs sind. Das sorgt für ungehinderten Fahrspaß. Hinauf kommt man zu Fuß über einen schönen Weg oder ganz einfach mit der Sesselbahn. Denn immerhin müssen 400 Höhenmeter überwunden werden. Die Hochschwarzeckbahn endet gleich neben dem Start. Von hier oben hat man einen wunderbaren Ausblick auf die Berchtesgadener Bergwelt und eine Wirtschaft gibt es obendrein auch noch. Denn Rodeln macht nämlich hungrig.

✆ An der Talstation können Schlitten ausgeliehen werden. Der rasanten Fahrt steht dann nichts mehr im Wege.

Man kommt um die Blaueishütte herum und ist ein wenig enttäuscht. Der einst mächtige Gletscher ist Opfer der globalen Erwärmung geworden. Das Eis hat sich in die hinterste kühle Ecke zurückgezogen wie ein waidwundes Tier. Zwar umstehen Blaueisspitze, der Hoch- und der Kleinkalter noch immer hufeisenförmig den Gletscher und werfen ihre schützenden Schatten über ihn, aber bald wird das nicht mehr ausreichen. Die Tage für den nördlichsten Alpengletscher sind wohl gezählt. Biegen wir darum lieber im sogenannten Sumperloch rechts ab. Der Hochkalter mit seinen 2.607 Metern ist unser Ziel.

Durch ein Geröllfeld geht es hinauf zum ›Schönen Fleck‹. Der trägt seinen Namen zu Recht, denn von ihm kann man schon weit in den Alpenhauptkamm blicken. Kurz verschnaufen, vielleicht die Schuhe etwas fester binden, denn nun befinden wir uns schon auf dem Grat. Das hochalpine Gelände erfordert Trittsicherheit und schwindelfrei sollte man auch besser sein, denn links stürzt der Fels steil hinab zum Blaueisgletscher. Darum ist es gut, die Wegmarkierung, die roten Punkte im weißen Kreis, immer im Blick zu haben. Manchmal schaut man umher wie in einem Suchbild, bis man erleichtert die Markierung wieder gefunden hat.

Über die Rotpalfen und den Kleinkalter geht es hinauf zum Gipfel des Hochkalter. Dass der Ausblick fantastisch ist, braucht man schon gar nicht mehr zu erwähnen, bei diesen Höhen ist das selbstverständlich. Dankenswerterweise hat jemand Holzbohlen als Sitzgelegenheit heraufgebracht und so genießen wir recht bequem auf dem engen Gipfel den Blick in die Weite. Jetzt ist man froh um das mühsam hinaufgeschleppte Wasser. Hinab geht es über das Ofental. Das schroffe Gelände geht bald in rutschiges Geröll über. Fast exemplarisch können wir beim Abstieg die verschiedenen Vegetationszonen durchwandern, bis wir unten im Klausbachtal ankommen.

✍ Der Aufstieg über das Ofental ist zwar nicht so steil, allerdings erschweren die ausgedehnten Schuttfelder den Anstieg.

KIRCHE ST. SEBASTIAN /// IM TAL 82 /// 83486 RAMSAU ///

EIN SEHR GEDULDIGES MODELL

Ramsau – Kirche St. Sebastian

41

Der Blick auf die Ramsauer Kirche St. Sebastian ist sicher eines der bekanntesten bayerischen Motive. Winterlich verschneit mit brennendem Christbaum davor kennt sie jeder von unzähligen Titelbildern verschiedener Zeitschriften. Der Blick auf die Kirche ist zwar alles andere als ein Geheimtipp, aber lassen Sie uns die Szene einmal näher betrachten.

Unzählige Maler und Fotografen standen schon an dieser Stelle. Mit Staffelei oder Fotoapparat bewaffnet, hielten sie diesen Blick fest. Zu finden ist er ganz leicht. Geht man über die Holzbrücke, die mitten im Dorf über die Ramsauer Ache führt, dann braucht man sich nur noch einmal umzudrehen und schon hat man ihn – diesen klassischen Blick. Nicht umsonst ist er so bekannt. Ein Grund mag darin liegen, dass sich hier all das, was für Bayern steht, an einem Ort zusammenfügt.

Da ist zunächst das barocke Kirchlein mit seinem markanten Kirchturm. Genau von dieser Stelle zeigt es sich von seiner schönsten Seite. Der Zwiebelturm hebt sich vom bayerisch blauen Himmel ab, das gedeckte Rosa der Kirche lässt sie hervortreten, ohne das Bild zu dominieren. Denn da ist noch die Ramsauer Ache mit der Holzbrücke, die aus der guten alten Zeit stammt. Der wilde Gebirgsbach scheint direkt aus der Bildmitte zu kommen und rauscht dann vorbei. Weil man das Rauschen nicht malen kann, wird der Bach auf den Ölbildern gerne etwas wilder dargestellt, als er eigentlich ist.

Hinter der Kirche erhebt sich die Reiteralpe. Wilde Natur, ein Gotteshaus und eine Brücke für die Menschen – ein schönes Bild für das, was das Leben hier ausmacht. Ein wenig Sehnsucht nach einer beschaulicheren Zeit mag auch ein Grund sein, warum dieser Blick so beliebt ist. Gut, dass jeder selber dieses Bild für sich neu entdecken kann, auch wenn es schon so viele vor ihm getan haben.

Die geschnitzten Holzfiguren an der Balustrade in der Kirche sind äußerst sehenswert. Sie entstanden vermutlich um 1430.

NATIONALPARK-INFORMATIONSSTELLE KLAUSBACHHAUS HINTERSEE ///
HIRSCHBICHLSTRASSE 26 /// 83486 RAMSAU /// 0 86 57 / 14 31 ///
WWW.NATIONALPARK-BERCHTESGADEN.DE ///

Das Wichtigste an einem Bauerngarten ist der Zaun, denn er hält die gefräßigen Mäuler der Tiere draußen. Scharrende Hühner und hungrige Ziegen sind nämlich unerwünscht. Der Zaun umschließt den meist quadratischen Garten und er dient gleichzeitig den Erbsen und Bohnen als Rankhilfe. Im Garten selber herrscht geordnete Wildnis und das macht seinen großen Reiz aus.

Am Eingang zum Nationalpark in der Ramsau steht das Klausbachhaus. Neben dieser Informationsstelle des Nationalparks liegt der urige Bauerngarten. Salat wächst dort, Radieschen, Mangold und Mohrrüben. Alles, was man für eine knackige Brotzeit braucht. Aber auch eine ganze Reihe an Gewürzen lassen sich finden. Neben Petersilie und Schnittlauch sind es duftender Ysop und Zitronenmelisse. Kerbel gibt es und noch weitere Kräuter, die zum Würzen und als gesunde Nahrungsergänzung verwendet werden. Manche wurden früher unter dem Dach in der Spätsommerhitze getrocknet, um daraus Kräutertees zu brühen oder heilende Tinkturen und Salben herzustellen.

Der Bauerngarten diente den Familien als hauseigene Apotheke. Doch nicht nur der Leib wird durch ihn gestärkt, auch der Seele und dem Herz tut er gut. Dafür sind die Blumen zuständig, die einträchtig mit dem Gemüse in dem Garten wachsen. Sie erfreuen das Auge und das Herz und waren und sind der Stolz einer jeden Bäuerin. Aber auch die Blumen haben ihren Nutzen. Man brauchte sie, um den Herrgottswinkel oder das Hauskreuz zu schmücken und für die verschiedenen Feste im Jahreslauf.

Es ist fast schon eine Selbstverständlichkeit, dass in dem Bauerngarten im Nationalpark keine chemischen Mittel zum Einsatz kommen. Selbst hergestellter Kompost ist die beste Düngung und gegen Schädlinge kommen Pflanzenjauchen zum Einsatz. Schönes und Gesundes fügen sich im Bauerngarten aufs Beste zusammen.

✐ In der Informationsstelle Klausbachhaus erfahren Sie alles Wissenswerte rund um den Nationalpark Berchtesgaden.

EINE INFOTAFEL BEI DER RAMSAUER KIRCHE BESCHREIBT DIE EINZELNEN MALERWEG-STATIONEN.

TOURISTINFORMATION RAMSAU /// IM TAL 2 /// 83486 RAMSAU ///
0 86 57 / 98 89 20 /// WWW.RAMSAU.DE ///

Der Blick des Künstlers sieht das Besondere. So kam es, dass die Maler die Schönheit des Berchtesgadener Landes als Erste entdeckten. Vor allem die Ramsau und der Hintersee hatten es ihnen angetan. Schon Anfang des 19. Jahrhunderts zog es sie in das Tal und sie malten die beeindruckende Landschaft.

Schnell sprach es sich herum, dass es unzählige schöne Motive gab, und so wurden es immer mehr, die hier die Sommermonate mit Malen und Zeichnen verbrachten. Ab 1879 übernahm die berühmte Babette Auzinger ein Gasthaus am Hintersee, das nach ihr heute noch Auzinger heißt. Bei ihr quartierten sich die Künstler gerne ein. Die findige Wirtin baute eine Kegelbahn neben das Wirtshaus und weil die Künstler gerne sangen, schaffte sie auch ein Spinett an. An Unterhaltung sollte es nicht fehlen.

Die beeindruckende Natur, die Kollegen und die lockere Stimmung zogen Kreative aus ganz Europa an und sie bildeten eine richtige Künstlerkolonie. Man skizzierte das Motiv, um es dann später im Atelier dem Zeitgeschmack entsprechend detailverliebt auszuarbeiten. Die gemalten Werke wurden ausgestellt und brachten auf diese Weise einem breiten Publikum die Schönheit der Region nahe.

Den Künstlern folgten die ersten Sommerfrischler und der moderne Tourismus begann. In der Ramsau kann man sich auf die Spuren der Maler begeben. Über 29 stilisierte Staffeleien sind aufgestellt, auf denen die damals entstandenen Werke abgebildet und erläutert sind. Man kann selber vergleichen, ob der Künstler genau den Ausblick getroffen hat oder wo er von der Wirklichkeit abgerückt ist, um die Dramatik des Bildes zu steigern. Von der Ramsauer Kirche führt der Malerweg durch den Zauberwald bis zum Hintersee. Ein schöner Spaziergang nicht nur für Künstler.

✍ In der Touristinformation Ramsau gibt es ein Faltblatt zum Malerrundweg mit Wegbeschreibung und Erläuterungen.

VON HAMMERSTIEL ODER DER WIMBACHBRÜCKE AUS IST DIE
SCHAPBACHALM GUT ZU ERREICHEN.

Um fünf Uhr geht es auf der Schapbachalm los. Die Sennerin steht auf und holt die Kühe von der Weide. Meistens kommen sie von selber, denn Kühe sind nicht dumm. Sie wissen auch schon lange vor dem Menschen, ob es ein Gewitter oder Hagel geben wird und ziehen sich in den Stall zurück, der hinter dem Wohnbereich untergebracht ist.

Viel Platz hat die Sennerin Christine Rasthofer nicht. Die Küche, die Stube und eine Schlafkammer, das muss ihr reichen und tut es auch, denn meistens ist sie sowieso draußen. Nachdem sie die acht Kühe gemolken hat, wird der Stall saubergemacht und das Milchgeschirr ausgespült. Dann geht die Sennerin ans Käsemachen. Auf der Schapbachalm gibt es Frischkäse, Weichkäse und Bergkäse. Letzterer will in den sechs Wochen, in denen er reift, umhegt und gepflegt werden. Jeder Laib Käse wird täglich umgedreht und geschmiert. Besonders gut zur Brotzeit schmeckt der in Öl und Knoblauch eingelegte Weichkäse.

Gegen Mittag ist sie dann fertig. Zwischendurch mussten die ersten Wanderer mit frischer Milch versorgt werden. Die Alm liegt günstig am Weg nach Kühroint und zum Watzmann. Bei schönem Wetter sind die Bänke und Tische vor der über 400 Jahre alten Alm immer gut gefüllt. Es ist einfach ein schönes Platzerl. Der Blick geht über die Weiden hinüber bis zum Watzmann.

Gegen halb fünf müssen die Kühe wieder gemolken werden, bewirten kann sie dann nicht mehr. »Auf einer Alm stehen die Viecher halt an erster Stelle«, sagt Christine Rasthofer. Wenn sie um acht Uhr abends fertig ist, schaut sie gerne einfach nur in die Traumlandschaft. Oder sie geht in die Schwammerl, liest oder strickt und Bekannte kommen auch gerne hinauf. Es ist anstrengend hier oben auf der Alm. Das einfache Leben, in dem die Tiere und die Natur den Rhythmus vorgeben, kann trotzdem oder vielleicht gerade deswegen sehr erfüllend sein.

🖉 Kommen die Kühe auf die Alm, dann wird sie ›bestoßen‹ und wenn kein Unglück im Sommer passiert ist, werden die Kühe beim Almabtrieb mit ›Fuikln‹ aus bunten Holzsspänen geschmückt.

ROMANISCHER KREUZGANG /// AM SCHLOSSPLATZ ///
83471 BERCHTESGADEN ///

Es ist der ewige Kampf zwischen Gut und Böse. Wie soll sich der Mensch entscheiden? Welchen Weg soll er einschlagen? Diese Fragen stellten sich nicht nur die Menschen vor 900 Jahren, auch heute noch sind sie aktuell. Im spätromanischen Kreuzgang in Berchtesgaden haben die Steinmetze Bilder für dieses Ringen in Stein gehauen. Die Kapitelle und Säulen erzählen davon.

So ist auf einem der Pfeiler eine zweischwänzige Sirene zu sehen, Symbol für die zwei Wege, die der Mensch einschlagen kann. Der linke Weg führt hinab in das Laster, dargestellt durch einen Kentaur, einer Mischung aus Mensch und Pferd, ein Symbol für die animalische Seite des Menschen. Der rechte Weg führt zu einer erblühten Rose, dem Sinnbild von Reinheit und Unschuld. Immer wieder steht der Mensch in seinem Leben am Scheideweg. Wird er den rechten Weg wählen?

Wandert man langsam die Arkaden entlang, kann man die geheimnisvollen Darstellungen betrachten, die trotz ihrer Einfachheit eine ungeheure Aussagekraft besitzen. Ein Kapitell zeigt die vier Kardinaltugenden – Klugheit, Mäßigkeit, Gerechtigkeit und Stärke. Daran scheint es den Menschen heute noch gehörig zu mangeln. Die steinernen Löwen sind besonders schön gearbeitet. Sie trugen früher die Säulen des Eingangsportals.

Beim Umhergehen sollte man auf die in den Boden eingelassenen Grabplatten achten. Sie erinnern an die Chorherren und Pröpste des Klosters. Der gefleckte rote Stein, aus dem sie gearbeitet sind, ist der bekannte Adneter Marmor.

Ruhig ist es hier. In einer Ecke plätschert ein kleiner Brunnen und man spürt die Zeitlosigkeit, die dieser Ort ausstrahlt. Es ist ein guter Platz, innezuhalten und ein wenig zu sich selber zu kommen. So waren die Bildhauerarbeiten auch gedacht. Als Erinnerung und als Mahnung, sich gut zu überlegen, für welche Wege man sich im Leben entscheidet.

✎   In dem Büchlein ›Im Stein verborgen‹ von Alfred Spiegel-Schmidt werden alle Darstellungen aufgeschlüsselt. Es ist im örtlichen Buchhandel erhältlich.

EIN RUNDGANG
DURCH VERSCHIEDENE KUNSTSTILE

Berchtesgaden – Königliches Schloss

Durch den romanischen Kreuzgang hindurch gelangt man zum Schlosseingang. Ursprünglich beherbergte der Bau die Augustiner Chorherren des Klosters. Der spätgotische zweischiffige Raum, in dem die Schlossführung beginnt, diente ihnen als Schlafraum, aber auch als Speisesaal. Nach 1810 wurde das Schloss die Sommerresidenz der Wittelsbacher. Der kunstsinnige Kronprinz Rupprecht von Bayern stattete das Schloss mit seiner wertvollen Kunstsammlung aus. Vor allem die Möbel aus den wichtigsten Stilrichtungen bilden eine Besonderheit, aber auch die alten Waffen sind sehenswert. Aufwendig gearbeitete Prunkschwerter sind genauso ausgestellt wie die sogenannten ›Zweihänder‹, also Schwerter, die mit beiden Händen geführt und salopp ›Gassenhauer‹ genannt wurden, weil sie brutal eine Gasse durch die feindlichen Linien schlugen.

Zwei Renaissancesäle gibt es, in denen sich die typischen Merkmale dieses Stils studieren lassen. Aufwendig gearbeitete Barockmöbel und herrlich verspielte Möbel aus dem Rokoko können bewundert werden. Letzterer Stil prägt übrigens die rosa Fassade mit ihren weißen Fensterverzierungen. In der Schlossküche blitzen die Kupfertöpfe und im Speisesaal schimmert edel das weiße Tafelporzellan aus der Manufaktur in Nymphenburg. In den Schlafzimmern stehen Biedermeiermöbel und somit hat man alle wesentlichen Kunststile kennengelernt. Die Schlossführung kann man sozusagen als aktives Lernen bezeichnen.

Romantisch sind die Abendführungen bei Kerzenschein. Unzählige Kerzen erhellen das Schloss und lassen eine ungewöhnliche Stimmung aufkommen. Für Freunde der Musik seien die musikalischen Schlossführungen empfohlen – mit einer Sängerin. Bei schönem Wetter führt am Ende der Weg durch den Schlossgarten mit seinen üppigen Rosen, die in sauber geschnittenen Buchsbaumeinfassungen blühen.

🖉 Für Jagdinteressierte gibt es im Schloss das Rehmuseum mit seiner wildwissenschaftlichen Sammlung von Herzog Albrecht von Bayern.

AUF DER KNEIFELSPITZE LIEGT DIE
BERGGASTSTÄTTE PAULSHÜTTE /// KNEIFELSPITZWEG ///
83471 BERCHTESGADEN / MARIA GERN /// 0 86 52 / 6 23 38 ///
WWW.KNEIFELSPITZE-BERCHTESGADEN.DE ///

DER BERCHTESGADENER SONNTAGSBERG
Kneifelspitze

»Geh ma heit schnoi auf d'Kneifi«, sagt der Berchtesgadener. Was für manche eine Halbtagestour darstellt, ist für den geübten Wanderer ein kleiner Spaziergang. Genau richtig für nach dem Mittagessen. Kaffee, Kuchen und eine grandiose Aussicht gibt es dann oben in der auf 1.189 Meter gelegenen Paulshütte.

Von der Kirche in Maria Gern, die zu Recht ein beliebtes Fotomotiv abgibt, geht es in einer guten Stunde hinauf zum Gipfel. Der durchweg steile Weg hat es in sich, doch sind die Serpentinen erst einmal geschafft, dann stößt man auf den breiten Fahrweg und nach zwei weiteren Kurven breitet sich das gesamte Berchtesgadener Tal vor einem aus. Ein Ausblick, der in Ruhe genossen werden will. Vom Hohen Göll, dem Kehlstein über das Steinerne Meer über den Watzmann bis zum Hochkalter, zur Reiteralpe und weiter zum Untersberg reicht der Blick. Mehr Panorama geht nicht. Darin mit eingeschlossen ist die Ansicht von Berchtesgaden von oben. Am Ende des Tals kann man den Einschnitt vom Königssee erkennen und darüber die Steinpyramide der Schönfeldspitze.

Die schroffen Abstürze des Untersberges sind ganz nah, an den steilen Hängen darunter können die Bauern wie seit alters her nur mit der Hand die Wiesen mähen und das Heu in den Stall einbringen. Von hier hat man alles vor sich, wofür Berchtesgaden berühmt und bekannt ist. Bevor man sich jetzt zu Kaffee und Kuchen niederlässt, schaut man besser gleich noch ein kleines Stück den Gipfel entlang auf der anderen Seite der Kneifelspitze hinunter. Denn sie kann mit ihrer Alleinlage wahrlich trumpfen. Hier blickt man auf Ettenberg mit seiner Wallfahrtskirche und weiter nach Salzburg. Die Hohensalzburg ist gut zu erkennen, die Altstadt und der Verlauf der Salzach. Alles zusammen ergibt das einen Rundumblick, der seinesgleichen sucht.

Für Mountainbiker führt ein Weg von Berchtesgaden aus auf die Kneifelspitze. Weil er sehr steil ist, sollten ihn nur Geübte befahren.

SALZBERGWERK BERCHTESGADEN /// BERGWERKSTRASSE 83 ///
83471 BERCHTESGADEN /// 0 86 52 / 60 02 20 ///
WWW.SALZZEITREISE.DE ///

Ein Besuch des Salzbergwerks in Berchtesgaden ist fast schon Pflicht, wenn man im Berchtesgadener Land ist. Die Einfahrt mit der Grubenbahn, nachdem man sich bergmännisch eingekleidet hat, und die anschließende Führung unter Tage sind richtig aufregend. Die Fahrt über den Salzsee mit ihrer Licht- und Klangshow bildet dabei den Höhepunkt. Noch heute ist das Salzbergwerk in Betrieb und baut die Sole ab. Aber manchmal kann der Besucheransturm ganz schön groß werden. Dann heißt es, die Wartezeit bis zur Einfahrt in den Berg zu überbrücken. Der Rundweg oberhalb des Salzbergwerkes ist dazu gut geeignet.

Anfangspunkt ist die Salz-Terrasse über dem Besucherzentrum. In den aufgestellten Schaukästen gibt es allerhand rund ums Salz zu entdecken. Gerade Kindern macht es Spaß, durch die Linsen auf die schönen Salzkristalle zu schauen. Weiter geht es hinauf zum Eingang zur Moserrösche, einem Tunnel durch den Berg. Drei hölzerne Bergmänner in ihrer Arbeitstracht bewachen den Eingang. Der Stollen ist 105 Meter lang und wurde 1657 durch den Berg geschlagen. Durch ihn wurde Wasser geleitet, das die Wassersäulenmaschine am Bergwerk antrieb. Die Maschine pumpte das Grundwasser aus den Bergwerk, um es trocken zu halten. Doch der Stollen wurde auch als Verbindungsgang zu einer oberhalb gelegenen Salzlagerstätte benutzt.

Kühl ist es in dem Stollen und immer wieder tropft Wasser von der Decke. Den Kindern macht es Spaß, den Hall mit lautem Schreien auszuprobieren. Ist man hindurchgegangen, biegt man links ab und kommt nach einer Weile zum Pulverturm. Hier wurde früher das Sprengpulver sicher gelagert, das man im Bergwerk benötigte. Geht man ein Stück weiter, erreicht man die Aussichtsplattform. Von ihr hat man einen wunderbaren Blick über Berchtesgaden und auf die Berge. Noch ein paar Schritte, dann ist man wieder beim Salzbergwerk angelangt.

✎   Im Besucherzentrum des Salzbergwerkes gibt es ein Faltblatt, auf dem der rund eine halbe Stunde dauernde Rundweg kindgerecht beschrieben wird.

SCHLOSS ADELSHEIM HEIMATMUSEUM /// SCHROFFENBERGALLEE 6 ///
83471 BERCHTESGADEN /// 0 86 52 / 44 10 ///
WWW.HEIMATMUSEUM-BERCHTESGADEN.DE ///

VOM BOANDLSCHNEIDER UND FILIGRANDRECHSLER

Berchtesgaden – Schloss Adelsheim

Am Ortsende von Berchtesgaden Richtung Salzburg liegt das Renaissance-Schlösschen Adelsheim. Es wurde 1614 als adelige Residenz erbaut, später war darin das Kurfürstliche Bayerische Hauptsalzamt untergebracht. Heute beherbergt es das Heimatmuseum mit schönen, historischen und manchmal auch skurrilen Ausstellungsstücken.

So hängt im Museum eine große Schießscheibe, auf der 77 Ausreden von schlechten Schützen stehen. Technische Mängel seien schuld gewesen, weil das Pulver zum Beispiel zu nass war, oder der Wind zu stark blies und deswegen das Ziel nicht getroffen wurde. »Ich kann ohne Rausch nit gut schießen«, wird jedoch auch angeführt – bei manchen vielleicht gar keine Ausrede, sondern bittere Realität. Denn das Leben in den Bergen war für die Bevölkerung früher nicht einfach. Der karge Boden und die langen Winter machten die Landwirtschaft zu einem beschwerlichen Unterfangen. Die Bauern mussten versuchen, durch Heimarbeit etwas Geld hinzuzuverdienen. In den Wintermonaten wurde geschnitzt und gedrechselt und die entstandenen Produkte wurden weltweit exportiert.

Die ›Berchtesgadener War‹, bemalte Spanschachteln, Spielzeug und Krippenfiguren, war weithin bekannt. Über Venedig wurde sie in alle Welt verkauft. Doch nicht nur Holz wurde verarbeitet. Der ›Boandlschneider‹ schnitzte aus Rinderknochen kleine Reisealtäre sowie Möbel für Puppenstuben. Die Filigrandrechsler stellten fein durchbrochene Schatullen her und es ist unglaublich, wie sie diese zierlichen Arbeiten zustande brachten. Wichtigstes Stück der Sammlung ist der romanische Weihwasserkessel. Zusammen mit dem Kirchenschatz der Stiftskirche ist er in der Schlosskapelle ausgestellt. Früher haben die Ministranten ganz arglos verschiedenste Sachen in dem wertvollen Stück aus dem 12. Jahrhundert gesammelt. Bis sein wahrer Wert entdeckt wurde.

✍ Das Berchtesgaden Museums-Kombiticket ist für das Schloss Adelsheim, das Königliche Schloss und die Dokumentation Obersalzberg gültig.

BERCHTESGADENER BAUERNMARKT /// WEIHNACHTSSCHÜTZENPLATZ ///
83471 BERCHTESGADEN ///

Zuerst der Tipp: Wenn Sie den Berchtesgadener Bauernmarkt besuchen wollen, was Sie unbedingt tun sollten, dann empfiehlt es sich, etwas früher aufzustehen. Denn dann haben Sie noch die ganze Auswahl an Köstlichkeiten. Längst hat es sich herumgesprochen, wie ›g'schmackig‹ die Sachen sind, die die Bäuerinnen von ihrem Hof mitbringen. Heiß begehrt sind die frisch zubereiteten Speisen und schnell bildet sich eine lange Schlange vor den Ständen.

Sehr früh am Morgen stehen die Bäuerinnen auf, um die Kuchen zu backen, die Knödel zu formen oder die Backhendl zu braten. Dabei variiert das Angebot je nach Saison und Jahreszeit, weil auf regionale Zutaten sehr großer Wert gelegt wird. Ist Pflaumenzeit, dann werden Zwetschgenknödel angeboten, die man daheim nur noch im heißen Wasser ziehen lassen muss. Oder fertige Tomatensuppe, in große Gläser eingemacht, die nach einer Bergtour noch mal so gut schmeckt. Selbst eingekochte Marmeladen gibt es, verschiedene Brotaufstriche und Fleisch direkt vom Hof. Dazu eine große Auswahl an Käse, der aus Berchtesgadener Landmilch von der Bäuerin mit viel Liebe und Sorgfalt hergestellt wird.

Genau das sieht man den Speisen an. Es ist keine Massenware, sondern wurde in kleinen Mengen am Bauernherd hergestellt. Wie selbstgemacht, nur besser, denn die jahrelange Erfahrung schmeckt man mit. Von den vielen verschiedenen Kuchen gar nicht zu reden. Frisch aus dem Ofen kommen sie zum Markt und schauen so lecker aus, dass man nicht widerstehen kann.

An einem großen Stand locken frisches Obst und Gemüse, ein wenig Geduld braucht man aber bei dem Andrang. Doch die Zeit ist in ein kleines Schwätzchen mit den Mitwartenden gut investiert. Daneben liegen auch von flinken Bäuerinnenhänden gestrickte warme Schafwollsocken und Handschuhe in allen Größen aus, die an kalten Wintertagen schön warmhalten.

✐ Der Berchtesgadener Bauernmarkt findet jeden zweiten und vierten Freitag im Monat von acht bis zwölf Uhr statt.

NATIONALPARK-INFORMATIONSZENTRUM HAUS DER BERGE ///
HANIELSTRASSE 7 – 11 /// 83471 BERCHTESGADEN ///
WWW.HAUS-DER-BERGE.INFO ///

Nähert man sich Berchtesgaden, überrascht der große, mit rostigem Eisen überzogene Kasten. Ein wenig aufmüpfig erhebt er sich gegen den Watzmann, fast wie ein gepanzerter Kämpfer. Es ist, als müsste er das nachgebildete Bergmodell in seinem Inneren gegen die wirkmächtigere Realität verteidigen. ›Vertikale Wildnis‹ lautet das Motto im Informationszentrum. Von den Tiefen des Königssees über die Bergwälder, Wiesen und Almen bis hinauf zum kargen Lebensraum der Felsregionen ziehen sich die Themen der Ausstellung – immer die Bergattrappe hinauf.

Museumspädagogisch auf neuestem Stand werden Flora und Fauna und die komplexen Zusammenhänge in der Natur dargestellt. Unglaublich, welche Artenvielfalt von Tieren und Pflanzen es im Nationalpark Berchtesgaden gibt. Ganz nebenbei lernt man viel über die teils bedrohten Arten, erfährt, dass auch wir nur ein Teil des Ganzen sind und uns einfügen müssen in die natürlichen Abläufe.

Aber muss man so viel über die Natur wissen, um sie zu schätzen? Reicht es nicht, sie einfach anzuschauen? Bei einem Gang durch das Haus der Berge wird klar, um wie viel eindringlicher das Erleben der Natur wird, wenn man sich näher mit ihr auseinandersetzt. Ein achtsamer Umgang mit unserer Umwelt folgt fast als Selbstverständlichkeit dem Wissen um das empfindliche Gleichgewicht auf unserer Erde.

Höhepunkt ist natürlich der Blick vom künstlichen Gipfel hinüber zum Watzmann, der allerdings nur bei passendem Wetter seine beeindruckende Wirkung entfalten kann. Das Haus der Berge stellt eine Ergänzung zum Nationalpark Berchtesgaden dar. Dabei handelt es sich um den einzigen Alpen-Nationalpark in Deutschland. Seine oberste Zielsetzung liegt im Schutz der Natur in ihrer Ursprünglichkeit. In der Kernzone kommt es zu keinerlei Eingriffen des Menschen, denn seine Grundidee lautet: Die Natur Natur sein lassen.

✍ Der Nationalpark bietet das ganze Jahr ein reichhaltiges Veranstaltungsprogramm an. Gerade die geführten Touren für Familien mit Kindern sind sehr empfehlenswert.

TÖPFERIN RITA SCHUMACHER /// UNTERSBERGWEG 10 ///
83471 BERCHTESGADEN / MARIA GERN /// 0 86 52 / 37 24 ///
WWW.UNTERSBERGLEHEN.DE ///

Die Töpferin Rita Schumacher arbeitet und lebt im vorletzten Haus in Maria Gern. Danach kommt nur noch der Untersberg. Auf einem Balken in ihrem Haus ist die Jahreszahl 1799 geschnitzt, doch sie vermutet, dass Teile des Hauses noch älter sind. Sie sitzt vor ihrer Töpferei und bringt mit zügigen Bewegungen die Muster auf ihre an der Scheibe gedrehten Keramiken auf.

Die Töpfermeisterin hat sich ganz der Engobemalerei verschrieben. Sie wird auch Schlickermalerei genannt, denn anders als bei einer Glasur wird eingefärbter flüssiger Ton auf die luftgetrocknete Rohware aufgemalt. Dazu benutzt Schumacher ein Malbällchen, mit dem sie die Engobe aufträgt. Nach dem ersten Brand glasiert sie ihre Stücke, die anschließend ein weiteres Mal gebrannt werden. Dadurch sind ihre Keramiken sogar spülmaschinenfest.

Charakteristisch sind ihre aus der Volkskeramik entwickelten Ornamente. Kleine Vögel, Bänder, ordnende geometrische Formen und Punktmuster überziehen ihre Keramiken. Es ist ein heiterer Dekor, der Freude beim Anschauen macht. Die Engobe hebt sich plastisch hervor und so spürt man das Muster, wenn man die Arbeiten in die Hand nimmt. Mit Kobalt färbt die Töpferin selber ihren Schlicker ein und sie erhält so ihren typischen Blauton.

In ihrem Laden stehen die Regale bis unters Dach voll mit ihren Arbeiten. Krüge und Schalen in allen Größen und Formen, Tassen, Teller und Teekannen, Vorratstöpfe und Butterdosen. Doch vor allem für ihre Gartenkeramik ist sie bekannt. Kugeln, Vögel, Spitzen, die Auswahl ist groß und fällt schwer. Denn rund um ihr Unterberglehen kann man ihre Werke in dem wildromantischen Garten bewundern. Eine Schar Keramikvögel hockt auf dem Fensterbrett, auf Holzstecken sitzen ihre Zierspitzen und halten die Blumenstauden zusammen. Rita Schumacher hat sich hier, am Fuße des Untersberges, ein kleines Paradies geschaffen.

✍ In den beiden Ferienwohnungen von Rita Schumacher speist man natürlich von ihrem selbstgetöpferten Geschirr.

TÄTERORT IN SCHÖNSTER LANDSCHAFT
Der Obersalzberg im Dritten Reich

So schön und beeindruckend die Natur in Berchtesgaden ist, so wenig darf man vergessen, dass sich hier ein Teil des dunkelsten Kapitels deutscher Geschichte abgespielt hat. Adolf Hitler kam im Mai 1923 zum ersten Mal auf den Obersalzberg, um den Schriftsteller und Chefredakteur des ›Völkischen Beobachters‹ Dietrich Eckart zu besuchen, der hier Urlaub machte.

Der Obersalzberg zog seit Ende des 19. Jahrhunderts Gäste und Sommerfrischler an. Angefangen hatte es mit der von Mauritia Mayer 1877 eröffneten Pension Moritz. Weitere Pensionen folgten und prominente Gäste wie die Pianistin Clara Schumann, Schriftsteller Peter Rosegger, Ludwig Ganghofer und Richard Voß und der Komponist Max Reger verbrachten die Sommermonate auf dem Obersalzberg. Seit 1928 hatte hier Adolf Hitler das Haus Wachenfeld gemietet. Die Einnahmen aus seinem Buch ›Mein Kampf‹, dessen zweiten Teil er im Sommer 1925 auf dem Obersalzberg geschrieben hatte, machten ihn zu einem wohlhabenden Mann, was ihm den Kauf des Hauses erlaubte. Nach seiner Ernennung zum Reichskanzler 1933 wurde der Obersalzberg neben der Reichskanzlei in Berlin zum zweiten Regierungssitz ausgebaut. Im Zuge dessen wurde das kleine Haus Wachenfeld zum pompösen Berghof erweitert. Durch das versenkbare riesige Panoramafenster blickte man auf den Untersberg. Damit wollte Hitler die zahlreichen Staatsgäste beeindrucken, die er auf dem Obersalzberg empfing. Benito Mussolini war ein häufiger Gast, ebenso Machthaber weiterer verbündeter Staaten. Der Obersalzberg entwickelte sich zu einem Pilgerziel. Dem massenhaften Ansturm war der Ort nicht gewachsen und man begann, die Massen zu kontrollieren. Der Obersalzberg wurde zum Führersperrbezirk. Alteingesessene Familien mussten ihre Anwesen verkaufen, oft unter Zwang. Dagegen erwarben oder bauten sich Nazigrößen wie Hermann Göring, Martin Bormann und Albert Speer Häuser auf dem Obersalzberg, um sich jederzeit in der Nähe des ›Führers‹ aufhalten zu können.

Zahlreiche Versorgungsbauten wurden errichtet, darunter eine SS-Kaserne mit Wagenhalle, Wohnungen sowie eine Theater- und Kinohalle für die Arbeiter und Personal, ein Gutshof mit Bienenzucht und Gewächshaus entstanden. Das gesamte Gebiet war mit einem zwei Meter hohen Drahtzaun gesichert. Selbst während des Krieges blieb der Sperrbezirk eine als ›kriegswichtig‹ eingestufte Großbaustelle. Die Kulisse des Obersalzberges diente zu Propagandazwecken um den ›Führer‹ als Mann aus dem Volk darzustellen. Vor allem der Fotograf Heinrich Hoffmann schaffte es mit seinen Bildbänden ›Hitler abseits vom Alltag‹ und ›Hitler in seinen Bergen‹ das gezielt inszenierte Bild des Privatmannes zu verbreiten. In dessen Fotoatelier lernte Hitler auch Eva Braun kennen. Ab 1936 wohnte sie auf dem Berghof, allerdings vor der Öffentlichkeit verborgen. Nur Familienfreunde und enge Parteifreunde wussten von ihr als Freundin, bei offiziellen Besuchen musste sie sich zurückziehen.

Der Alltag im Berghof wird als sehr langweilig beschrieben. Der immer gleiche Tagesablauf umfasste nach dem Mittagessen einen Spaziergang zum Teehaus auf dem Mooslahner Kopf wo sich der ›Führer‹ in endlose Selbstgespräche verlor und darüber gelegentlich selber einschlief. Mit der Errichtung einer Außenstelle der Reichskanzlei in Bischofswiesen stand den Nazis ein voll funktionsfähiges Machtzentrum zur Verfügung. Nachdem am 25. April 1945 britische Bomberverbände das Obersalzberggebiet angriffen hatten, lagen die meisten Gebäude am Obersalzberg in Trümmern. Nach dem Zweiten Weltkrieg nutzten die Amerikaner Teile des Areals als Erholungszentrum für ihre Truppen. Als dieses 1996 aufgegeben wurde, entstand das Konzept der Dokumentation Obersalzberg einerseits und dem Bau eines Fünfsternehotels andererseits, das an die touristische Tradition des Obersalzberges anknüpft.

DOKUMENTATION OBERSALZBERG /// SALZBERGSTRASSE 41 ///
83471 BERCHTESGADEN /// 0 86 52 / 94 79 60 ///
WWW.OBERSALZBERG.DE ///

Als nach dem Abzug der Amerikaner 1996 das Areal am Obersalzberg dem bayerischen Staat übergeben wurde, ließ dieser einen zukunftsweisenden Plan für dieses geschichtlich belastete Gebiet erarbeiten. Das Zwei-Säulen-Konzept besteht einerseits aus dem Fünfsternehotel des Intercontinental Resort und andererseits der Dokumentation Obersalzberg. So knüpft es an die touristische Tradition des Ortes an und trägt gleichzeitig der geschichtlichen Verantwortung Rechnung.

Dem Obersalzberg im Dritten Reich ist in der Dokumentation ein eigener Bereich gewidmet. Doch erst der Blick auf alle Lebensbereiche des Dritten Reiches macht die Dokumentation so einzigartig. Als einzige Dokumentation weltweit stellt sie das Nazi-Regime in einem Gesamtüberblick dar. Das renommierte Institut für Zeitgeschichte München-Berlin betreut die Ausstellung wissenschaftlich. Dabei werden die unterschiedlichsten Aspekte des Dritten Reiches in ihrem historischen Kontext behandelt. Vom Werdegang Hitlers, der Propagandamaschine der Nazis, der Gleichschaltung aller gesellschaftlichen Bereiche bis hin zu Hitlers Außenpolitik spannt sich die Ausstellung.

Ein Teil des weitreichenden Bunkersystems des Obersalzbergs wird durch die Dokumentation zugänglich. Fast unheimlich ist es, durch die in den Felsen getriebenen Stollen zu gehen. Kühle Luft schlägt einem entgegen und die Schritte hallen auf dem blanken Stein. Man sieht die Mauervorsprünge, in denen Schafschützen Posten beziehen konnten, um den eindringenden Feind zu erschießen. Hier wurde auch ein Hörraum eingerichtet – ein auf beklemmende Weise gut gewählter Ort. In ihm erzählen Überlebende aus den Konzentrationslagern von ihren grauenhaften Erlebnissen. Am Ort der Täter kommen jetzt die Opfer zu Wort. Dabei handelt es sich sicher nicht um einen Lieblingsplatz im klassischen Sinn, aber um einen der wichtigsten Plätze im Berchtesgadener Land.

✍   Wegen der Fülle an Informationen und ausgestelltem Material sollte man mindestens zwei Stunden für den Besuch einrechnen.

DIE ALPEN-KLATSCHNELKE MIT IHREN GLOCKENFÖRMIGEN BLÜTEN
ENTDECKT DER WANDERER OFT AUF DEN BERGWIESEN.

VON DER KEHLSTEIN BUSABFAHRTSTELLE AM HINTERECK BRINGT DIE
LINIE 848 DIE BESUCHER ZUM GIPFEL.

KEHLSTEINHAUS /// WWW.KEHLSTEINHAUS.DE ///

Rechts vorne ist der beste Platz im Bus. Denn dann erinnert die Fahrt auf den Kehlstein sehr an die einer Achterbahn, nur dass es hier am blanken Fels steil nach unten geht. In den Kehren schwebt man fast über den Abgrund und es ist überhaupt verwunderlich, dass der Bus die steile und schmale Straße hinaufkommt. Oben angekommen, geht man durch einen langen Tunnel bis zum messingverkleideten Lift, der die Besucher die 124 Meter hinauf zum Kehlsteinhaus bringt. Da steht man nun mitten in der braunen Vergangenheit des Obersalzbergs.

Haus und Straße bekam Adolf Hitler von der NSDAP zum 50. Geburtstag geschenkt. In nur 13 Monaten wurde das Projekt vollendet. Allzu oft hielt Hitler sich hier oben aber nicht auf. Die Bombardierung 1945 überstand das Kehlsteinhaus unbeschadet, da seine Lage auf dem schmalen Bergsporn ein schwer zu treffendes Ziel darstellte. In den 50er-Jahren konnte sein Abriss verhindert werden und eine touristische Nutzung setzte sich durch. Die Einnahmen fließen der Berchtesgadener Landesstiftung zu, die sie für gemeinnützige Zwecke verwendet.

Im englischsprachigen Raum ist das Kehlsteinhaus als ›Eagle's Nest‹ weit bekannt. Die Architektur ist original erhalten und man kann an ihr gut den wuchtigen Nazi-Stil studieren. Den Carraramarmor für den riesigen Kamin hatte Mussolini gestiftet. Die Geschichte ist die eine Seite des Kehlsteins, seine Panoramalage eine andere. Denn so bequem mit Bus und Lift kommt man nur selten zu einem solchen Ausblick über das Berchtesgadener Tal und seine Berge. Daher ist es natürlich dort oben vorbei mit der Bergeinsamkeit. Das wissen auch die Raben, die sich sehr zutraulich an den zugeworfenen Leckereien gütlich tun. Eine Fahrt auf den Kehlstein ist in seiner Art ein ungewöhnliches Gipfelerlebnis.

✇ Nach dem Gipfelkreuz beginnt ein Rundweg, der ein wenig hochalpines Gefühl vermittelt. Festes Schuhwerk ist erforderlich.

MONIKA BAUMGARTEN /// SCHULWEG 41 ///
83471 BERCHTESGADEN / OBERAU /// 0 86 52 / 29 76 ///

»Früher wurde alles, was trocken war in Haus und Hof, in den Spanschachteln aufbewahrt«, erzählt Monika Baumgarten. »Selbst als Postpakete dienten sie.« So manche Braut brachte ihre spärliche Mitgift in einer großen Spanschachtel unter und damit sie bei der Hochzeit etwas schöner aussah, wurde die Schachtel verziert. Die Malerin Monika Baumgarten ist eine der wenigen, die das traditionelle Handwerk noch beherrscht.

»Das Grundmuster für die Blumen wurde gestempelt, denn selbst kleine Kinder konnten mit einem Stempel umgehen, auch wenn sie noch nicht malen konnten.« Jede Hand wurde gebraucht, um das karge Einkommen der Bergbauern durch diese Heimarbeit zu sichern. Weit davon entfernt sind die aufwendig bemalten Spanschachteln von Baumgarten. Die alten Muster verfeinerte sie immer mehr.

Die mit eingefärbtem Knochenleim grundierten Schachteln werden mit Farben bemalt, die sie aus Pigmenten und Dextrin, einem Bindemittel aus Kartoffelstärke, einzeln anrührt. Dadurch wird die Bemalung sehr widerstandsfähig. Freihand trägt sie die Blumen und Ornamente auf. Besonders schön sind die Federkielmuster mit ihren feinen weißen Linien.

Baumgarten hat die traditionellen Motive weiterentwickelt. Kirchen, Almen und besondere Ansichten, selbst Fische oder Hunde verewigt sie auf den Deckeln der Schachteln. Gerade malt sie Initialen unter einem Bild von St. Bartholomä. Auch heute noch werden die Spanschachteln zur Aufbewahrung benutzt. So die große zylindrische Schachtel, in der der wertvolle Gamsbart vom Trachtenhut eingesteckt und hängend staubsicher aufbewahrt wird. Mit ruhiger Hand malt Baumgarten Strich für Strich, ein jeder muss sitzen. Eine Korrektur ist nicht mehr möglich. So schafft sie eine wunderbare Blumenwelt. Farbtupfer formen sich zu Mustern und verwandeln eine einfache Spanschachtel in ein wahres Schmuckstück.

✍ Monika Baumgarten hat in ihrer Werkstatt eine große Auswahl an schon fertigen Schachteln in allen Größen ausgestellt.

NICHT WEIT UNTERHALB DES GIPFELS LIEGT DIE GRÜNSTEINHÜTTE.
HAMMERSTIELSTRASSE 37 /// 83471 SCHÖNAU /// 01 71 / 8 32 93 28 ///
WWW.GRUENSTEINHUETTE.DE ///

DER BERG FÜR ALLE FÄLLE
Grünstein

Wenn es an Zeit, Kraft oder Ausdauer mangelt, dann ist der Grünstein der Berg der Wahl. Will oder kann man nur einen Berg erklimmen, dann sollte es der Grünstein sein. Auch wenn er mit seinen 1.304 Metern nicht sehr hoch ist, so gibt er einem doch das Gefühl, einen richtigen Berg bestiegen zu haben.

Man kann ihn über zwei Routen begehen. Bequemer ist der Aufstieg von Hammerstiel aus. Etwas steiler, aber dafür schöner, ist jener vom Königssee aus. Oberhalb der Bobbahn beginnt der Weg. Hier ziehen sich die Kehren schon recht steil den Berg hinauf, dafür hat man immer wieder einen schönen Blick auf die Seelände des Königssees. Dann muss man den Forstweg verlassen und rechts abbiegen. Nur ein schmaler Pfad zieht sich durch den Bergwald. Von hier sind es noch rund eineinhalb Stunden bis zum Gipfel. Der ausgetretene und teilweise ausgewaschene Weg ist gar nicht so leicht zu gehen. Kinder lieben es, die kleinen Abkürzungen zu nehmen und über die Steine zu klettern. Im letzten Drittel stößt man auf ein Geröllfeld, das einem das Gefühl gibt, wirklich in den Bergen zu sein.

Hat man es bis zur Grünsteinhütte geschafft, dann ist es nicht mehr weit. Nur noch ein kurzes Stück durch den lichten Laubwald und dann tritt man hinaus auf den Gipfel. Das gesamte Berchtesgadener Tal breitet sich vor einem aus und wer genau schaut, wird sicher sein Haus oder seine Pension entdecken. Dreht man sich um, dann hat man den Watzmann schon ganz nahe bei sich.

Der Grünstein bietet einen Vorgeschmack auf ein richtig großes Gipfelerlebnis. Das macht ihn gerade für Familien mit kleinen Kindern oder für Wanderanfänger zum idealen Übungsberg. Er festigt das Selbstvertrauen beim Wandern und für manchen ist er genau das Richtige für die kleine Bergtour zwischendurch.

✍ Am Grünstein befindet sich der Isidor-Klettersteig mit seinen beiden unterschiedlich schweren Kletterrouten.

BERCHTESGADENER BAUERNTHEATER /// FRANZISKANERPLATZ 2 ///
83471 BERCHTESGADEN /// 0 86 52 / 28 58 ///
WWW.BERCHTESGADENER-BAUERNTHEATER.DE ///

HIER LACHT MAN NICHT ÜBER, SONDERN MIT DEN BAYERN

Berchtesgadener Bauerntheater

54

Was passiert, wenn ein Bauer endlich seine Tochter unter die Haube bringen möchte? Richtig, das strapaziert die Lachmuskeln. Wenigstens wenn die beiden im Berchtesgadener Bauerntheater auf der Bühne stehen. Dass trotz aller Irrungen und Wirrungen sich am Ende ein passendes Mannsbild finden wird, das sei gleich am Anfang verraten. Doch bekanntlich ist der Weg dorthin das eigentliche Ziel – wenigstens für die Zuschauer. Denn viele Lacher sind garantiert, vor allem, wenn ein Missverständnis das nächste jagt, es zu Verwechslungen kommt und auf der Bühne heftig intrigiert wird. Mitunter kann es ganz schön turbulent zugehen und für Überraschungen ist gesorgt.

Seit 1903 besteht das Berchtesgadener Bauerntheater und hat seitdem vielen Menschen einen höchst vergnüglichen Abend bereitet, sowohl den Einheimischen als auch den Gästen und denen möchte ich versichern, dass man zwar bayerisch auf der Bühne redet, aber verstanden hat noch jeder alles. Als einziges Bauerntheater Bayerns spielt das Ensemble im eigenen Haus. Elisabeth Hölzl-Michalsky leitet das Theater, führt Regie und spielt immer mit, mitunter als schrill gekleidete Dame aus der Stadt.

›Die lustige Brautnacht‹ oder ›Der liebestolle Bauer‹ heißen die Stücke, die Liebe spielt dabei natürlich immer die Hauptrolle. Die gutmütigen Bauersleute, die hübsche Magd und der schlaue Knecht, die komische Alte und die tratschende Nachbarin, das sind die handelnden Personen. Gerne taucht unvermittelt der Dorfpfarrer auf, meistens gerade dann, wenn die Bäuerin im Nachtgewand dasteht. Spaß soll es machen, für die Zuschauer aber genauso für die Laienschauspieler. Den Bayern wird ja ein darstellerisches Talent und ein Hang zum Theatralischen nachgesagt. Dass das stimmt, davon kann man sich im Berchtesgadener Bauerntheater überzeugen. Wem hinterher die Lachmuskeln wehtun, der soll sich aber bitte nicht beschweren.

🖉   Die Aufführungen des Bauerntheaters auf der Freilichtbühne im Steinbruch Kälberstein haben eine unvergleichliche Atmosphäre.

BERCHTESGADENER ADVENT /// METZGERSTRASSE 3 ///
83471 BERCHTESGADEN /// 0 86 52 / 6 61 68 ///
WWW.BERCHTESGADENER-ADVENT.COM ///

WO DAS ›OARSCHPFEIFENRÖSSL‹ AM CHRISTBAUM HÄNGT

Berchtesgaden – Adventmarkt im historischen Markt

55

Was gibt es Schöneres, als in der Vorweihnachtszeit über einen Adventmarkt zu bummeln? Der Berchtesgadener Advent findet im historischen Markt von Berchtesgaden statt. Er zieht sich durch die Fußgängerzone bis hin zum Schlossplatz. Die Stände sind wie kleine Almhütten gebaut, selbst die hölzernen Regenrinnen fehlen nicht. Mit seiner Liebe fürs Detail verbreitet der alpenländische Adventmarkt eine wunderbare Atmosphäre.

Wahrzeichen des Berchtesgadener Advents ist der riesig vergrößerte Berchtesgadener Christbaumschmuck. Die hölzernen Engel sind bunt bemalt, die Vögel, die in klein sonst auf die Zweige des Christbaumes gesteckt werden, messen fast einen Meter. Die Köpfe der Holzhühner schauen aus ihren großen Kisten und nicken immerzu. Und auch das beliebteste Stück des typischen Berchtesgadener Christbaumschmuckes fehlt nicht, das ›Oarschpfeifenrössl‹ – was ins Hochdeutsche mit ›Arschpfeifenpferd‹ übersetzt werden kann. Das hölzerne Pferd samt Reiter hat hinten eine kleine Pfeife angebracht, womit der Name wohl erklärt ist. Über den ganzen Adventmarkt sind die großen Figuren verteilt, zusammen mit Hunderten von Christbäumen.

Am Schlossplatz gibt es für die Kleinen sogar ein ganzes Christbaumlabyrinth. Hier befindet sich auch die Bühne, auf der vom Krippenspiel bis zur Stubenmusik Aufführungen stattfinden. Viel Wert wird auf Brauchtum und Originalität gelegt. Blinkende Plastikrentiere und wackelnde Weihnachtsmänner wird man vergeblich suchen. Dafür findet man viele liebevoll gestaltete Hütten mit typischen Waren, wie man es von früher her kennt. Wem es beim Bummel über den Markt zu kalt geworden ist, der kann sich mit Glühwein wärmen und mit einer der vielen angebotenen Leckereien stärken. Die festlich geschmückten Bürgerhäuser und die tief verschneiten Berge lassen dabei eine ganz besondere Weihnachtsstimmung aufkommen.

🐎 Mit der Pferdekutsche kann man sich romantisch durch das weihnachtlich dekorierte Berchtesgaden fahren lassen.

Kartoffelkörbchen mit Wildkräutersalat, Spinatcrêpes mit Ricottafüllung und als Nachspeise ein Veilchensorbet. In ihrem vegetarischen Restaurant ›Lockstein 1‹ zaubert Christl Kurz außergewöhnliche und außergewöhnlich gute vegetarische Gerichte. Die Köchin ist eine Vorreiterin der grünen Spitzenküche und hat schon zahlreiche Kochbücher veröffentlicht.

Jeden Abend gibt es bei ihr im Lockstein ein fünfgängiges Menü. Um es zu genießen, muss man kein eingefleischter Vegetarier sein. Schmecken wird es allen und das oft gehegte Vorurteil, dass man ohne Fleisch nicht satt wird, ist völlig unbegründet. Doch neben dem guten Essen lässt vor allem die besondere Atmosphäre des Restaurants den Abend zu einem besonderen Erlebnis werden. Das 500 Jahre alte Haus liegt im historischen Nonntal und wurde von Kurz liebevoll renoviert. Viele alte Elemente wie das in die Ritzen der Holzdecke gestopfte Moos zur Isolierung verbinden sich mit Modernem und schaffen eine behagliche Atmosphäre. Die immer wieder neue Dekoration und die stets frischen Blumen aus dem eigenen großen Garten hinter dem Haus sind einfach nur schön.

Jedes Essen beginnt mit ihrem berühmten Apfeltee, nur im Sommer gibt es erfrischendes Kräuterwasser, in dem auch Walderdbeeren und Wildblüten schwimmen. Die schön angerichteten Speisen werden auf dem über Jahrzehnte gesammelten alten Geschirr serviert. Ungewöhnliche Kombinationen wie Gemüsemousse mit Senfvinaigrette liefern neue Geschmackserfahrungen, die immer rund und stimmig sind.

Seitdem die Tochter von Christl Kurz, Gabriele, das erste vegetarische Gourmetrestaurant in Dubai führt, ist ein orientalischer Einschlag in der Küche spürbar. Angenehm sind die Kochvorführungen, die Kurz in ihrer Küche abhält. Ganz entspannt sitzt man bei ihr in der Küche wie bei guten Freunden und lernt die exquisiten Gerichte kennen.

    Im Biohotel Kurz kann man herrlich übernachten. Die Zimmer sind sehr stilvoll und morgens gibt es ein wunderbares Frühstück.

HANS MEISL /// GMERK 28 /// 83471 BERCHTESGADEN ///
0 86 52 / 38 32 ///

Unscheinbar schaut der Stein aus. Doch wenn ihn der Kugelmacher Hans Meisl in die Hände bekommt, bringt er die verborgene Schönheit zum Glänzen. Der Kugelmacher hat schon über 100.000 Marmorkugeln in seinem Leben hergestellt. In seiner Schleifmaschine werden die Rohlinge zu Kugeln geformt. Anschließend schleift er sie in einer Trommel fein und poliert sie auf Hochglanz. Die Poliermaschine hat Meisl selber gebaut und es hat Jahre gedauert, bis er das geeignete Poliermittel gefunden hatte. Die daraus resultierende glänzende Oberfläche ist einfach unglaublich. Seine kleinen Steinschalen schleift er an einer Bandschleifmaschine.

Jeden Stein hat Meisl selber gesucht und gefunden. Entweder im Untersberger oder Adneter Steinbruch oder in den umliegenden Bächen wie der Berchtesgadener Ache. Auch hoch vom Berg hat er viele hinuntergeschleppt, oft genug auf mehreren Etappen, weil sie so schwer waren. Doch es sind ganz besondere Exemplare. Vor Jahrmillionen am Meeresboden entstanden, sind die Korallen, Muscheln und Schnecken in ihnen versteinert. Meisl bringt diese Kostbarkeiten zum Vorschein.

In seinem kleinen Ausstellungsraum finden sich die unglaublichsten Versteinerungen. Die Korallen machen ein Tupfenmuster, das auf den Vasen besonders schön ausschaut. Den Muschelkalk gibt es in intensiven Farbtönen und die Gehäuse der Schnecken winden sich dekorativ. Es ist faszinierend, wenn Meisl von den Steinen erzählt und hält man eine der glatten Kugeln in der Hand, will man sie gar nicht mehr loslassen. Man fühlt sich wie in einer geheimen Schatzkammer der Untersbergzwerge. Jeder verarbeitete Stein stammt aus der Region und eigentlich kann man es gar nicht glauben, wenn man die Kugeln, Vasen und Schalen mit ihren wunderbaren Mustern betrachtet, dass sie tief im Meer entstanden sind.

⌘ Johann Meisl betreibt gleich neben seinem Haus den Skilift Rotten, der gerade für Anfänger und Familien gut geeignet ist.

Am Anfang stand eine ungewöhnliche Idee. Ende der 20er-Jahre schlug nämlich Sanitätsrat Dr. Knorz aus Prien vor, eine Querverbindung der Alpentäler zwischen Bodensee und Königssee durch einen geschlossenen Straßenzug längs des Gebirges zu schaffen, um den Tourismus anzukurbeln. In den 30er-Jahren griffen die Nationalsozialisten die Idee auf und setzten sie um. Die Deutsche Alpenstraße entstand auf einer Länge von 450 Kilometern, oftmals auf neu terrassierten Straßen, wie man sie zum Beispiel oberhalb der Ramsau antreffen kann. Den krönenden Abschluss sollte die Roßfeldpanoramastraße als Abschlussschleife bilden. Von 1937 bis Kriegbeginn konnten weite Teile der Straße fertiggestellt werden, obwohl 14 Brücken, 1,6 Kilometer Stützmauern und vor allem umfangreiche Entwässerungsmaßnahmen notwendig waren. Das fehlende Verbindungsstück konnte, und das mag angesichts der Nachkriegssituation überraschen, schon 1955 geschlossen werden, obwohl es sich um kein verkehrswichtiges oder gar überörtliches Projekt handelte. Dazu musste extra die Bundesprivatstraße erfunden werden, um eine Beteiligung des Bundes zu ermöglichen. Der Bund hat sie zwar gebaut, aber finanziert wurde sie wie eine Privatstraße. Aus diesem Grunde ist sie auch heute noch mautpflichtig.

Heute ist die Roßfeldpanoramastraße mit ihrer Lage auf 1.560 Metern die höchste durchgehende Straße Deutschlands. Sie macht ihrem Namen alle Ehre, denn das Panorama ist beeindruckend. Die kurvige Höhenstraße wurde von 1958 bis 1977 als Rennstrecke benutzt. Aber schon in den 20er-Jahren gab es Rennen über die Schotterstraße von der Schießstättbrücke in Berchtesgaden bis hinauf zum Hintereck. An diese Renntraditionen knüpft der Internationale Edelweiß-Bergpreis an, der am Roßfeld eine nostalgische Zeitreise in die 50er- und 60er-Jahre unternimmt.

☞ Am höchsten Punkt gibt es einen herrlichen Panoramaweg mit Infotafeln, auf denen unter anderem die Bergwelt, die Geologie und der Automobilsport erklärt wird.

JENNERBAHN /// JENNERBAHNSTRASSE 18 ///
83471 SCHÖNAU AM KÖNIGSSEE /// 0 86 52 / 9 58 10 ///
WWW.JENNERBAHN.DE ///

Die Seilbahn mit ihren Zweiergondeln macht das Gipfelerlebnis einfach. In der Talstation am Königssee einsteigen und rund 20 Minuten später auf 1.802 Metern wieder aussteigen. Fertig ist das Gipfelglück. Fast, denn die letzten Meter auf den 1.874 Meter hohen Gipfel muss man schon selber steigen. Hier wird man mit einem herrlichen Blick auf den Königssee, den Watzmann und sonstige Berge belohnt. Nun ja, ›belohnt‹ ist in dem Fall vielleicht zu hoch gegriffen. Doch halt, wir wollen unsere Wandernase nicht zu hoch halten. Es gibt gute Gründe, mit der Bahn zu fahren und der Ausblick ist immer gleich schön, egal wie man hinaufgekommen ist.

Die Fahrt mit der Bahn ist schon ein Erlebnis. In der Mittelstation werden die Gondeln umgelenkt, also nur Aussteigen, wenn Sie den Rest zu Fuß gehen wollen. Bleibt man sitzen, geht es weiter hinauf zur Bergstation. Dort gibt es ein großes Panoramarestaurant mit Terrasse. Gepflegte Gastlichkeit auf großer Höhe und keine Almromantik – auch das muss es geben. Viele fahren hinauf, um dann hinunterzuspazieren. Das ist eine Möglichkeit, die allerdings die Knie mehr belastet als das – zugegeben – anstrengendere Hinaufgehen. Ein Wanderer wird den Aufstieg auf den Jenner im Sommer eher vermeiden, zu viele einsamere Alternativen gibt es dazu. Nach der Saison ist es etwas ganz anderes. Dann ist der Jenner ein schöner Berg für eine bequeme Tour. Oberhalb des Königssees geht es den Hochbahnweg hinauf, an den Königsbachalmen vorbei, bis man entweder die Serpentinen zum Gipfel nimmt oder den etwas längeren Weg über das Schneibsteinhaus wählt.

Im Winter benutzen die Skifahrer die Jennerbahn. Seit dem Bau einer Beschneiungsanlage ist die Fahrt ins Tal meistens gesichert. Viel wurde in Berchtesgaden über Sinn oder Unsinn einer solchen Beschneiung diskutiert, doch jeder möge sich selber dazu ein Urteil bilden.

✍ Das Dr.-Hugo-Beck-Haus am Jennereck ist bei Einheimischen und Gästen wegen der gemütlichen Atmosphäre sehr beliebt. www.dr-hugo-beck-haus.de

ZUR RABENWAND GELANGT MAN VOM MALERWINKELRUNDWEG AUS.

Ein Fjord mitten in Bayern. Sein Wasser ist kalt, klar und von bester Trinkwasserqualität. Wahrlich majestätisch liegt der Königssee inmitten der Berchtesgadener Bergwelt. Unergründlich tief ist er, bis zu 190 Metern fällt er steil hinunter. Gigantische Eismassen haben ihn während der Eiszeit herausgeschürft.

Von der Rabenwand hat man einen wunderbaren und meistens ungestörten Blick auf ihn. Um dorthin zu gelangen, halten Sie sich an der Seelände links und folgen dem Malerwinkelrundweg. Je weiter man geht, umso mehr Besucher lässt man hinter sich. Der Weg windet sich hinauf und auf seinem Scheitelpunkt zweigt ein beschilderter Steig ab zur Rabenwand. Dieser weniger bekannte Aussichtspunkt befindet sich direkt über dem Königssee und Sie können weit über denn See blicken, bis nach St. Bartholomä. Unten sieht man die elektrisch betriebenen Boote der Königsseeschifffahrt ihre Bahn ziehen und regelmäßig ist das Trompetenspiel der Echobläser zu hören.

Es ist wirklich ein eines Königs würdiger See. Nur dass man hier leicht auf die falsche Fährte geführt wird. Denn der Königssee, so königlich er auch ist, hat nichts mit einem König zu tun. Die Quellenlage zu seiner Namensgebung ist etwas unklar. Immer wieder ist von einem gewissen Kuno in alten Schriften zu lesen. Wir wissen nicht, wer dieser Kuno war und was er gemacht hat, aber damals hatte er den See sicher noch ganz für sich alleine. Dass aus dem ›Kunigsee‹ später der Königssee wurde, mag nur recht und billig sein.

Baden kann man auch in ihm, nur sollte man dabei möglichst flach schwimmen, denn nur die obersten paar Zentimeter wärmen sich im Sommer auf. Darunter wird es schnell sehr kalt.

In manchen Wintern friert der See zu und dann kann man über ihn spazieren, was eine ganz besondere Erfahrung ist. Allerdings geschieht dies nicht sehr oft, das letzte Mal war es 2006 möglich.

✎ Leckeren hausgemachten Kuchen gibt es im Café Malerwinkel. Das Café liegt direkt am gleichnamigen Rundweg. www.cafemalerwinkel.com

EIN ZWEITAUSENDER DER LEICHTEN ART
Schneibstein

Wann hat man einen Berg bestiegen? Wenn man oben auf dem Gipfel steht. Doch macht es einen Unterschied, ob ich vom Tal aus gegangen bin oder die ersten 1.170 Höhenmeter mit der Seilbahn zurückgelegt habe? Eine spitzfindige Frage, mag man meinen. Aber beim Schneibstein spielt sie eine entscheidende Rolle. Denn dank der Jennerbahn ist er der einfachste zu besteigende Zweitausender der Berchtesgadener Alpen.

Von der Bergstation geht es auf einem bequemen Weg bis zum Carl-von-Stahl-Haus. Hier bleiben schon manche hängen, denn es ist einfach zu verführerisch, vor der Hütte zu sitzen und die Bergluft zu genießen. Alle anderen biegen rechts ab. Doch halt! Haben Sie Ihren Ausweis griffbereit? Grenzer gibt es zwar keine mehr hier oben, aber dennoch befinden Sie sich auf österreichischem Boden. Aber das kann sich schnell ändern. Ein Schritt nach rechts und Sie sind wieder in Deutschland. Der Weg hinauf zum Gipfel zieht sich immer die Grenze entlang.

Der Schneibstein ist nicht sehr steil, allerdings gibt es dabei ein paar tückische Stellen. Sie sind gerne nass und deswegen geht es sehr rutschig über ausgetretene Steine. Wie immer in den Bergen gehört Trittsicherheit einfach dazu. Eigentlich erinnert der Schneibstein eher an einen Hügel. Er hat ein flaches, mit Gras bewachsenes Gipfelplateau, dessen höchste Stelle 2.276 Meter hoch ist. Nur hie und da schauen ein paar Felsen heraus. Gipfeleinsamkeit wird man gerade am Wochenende nicht erleben, dazu ist er zu leicht zu erreichen. Doch Platz ist oben für alle und wer sich früh aufmacht, kann die Bergesruhe genießen.

Der Blick geht einerseits über das Berchtesgadener Tal hinweg, andererseits hinein in das Hagengebirge. Es ist ein unwirklicher Anblick, der eher an eine Mondlandschaft erinnert. Man blickt auf eine karstige, spärlich bewachsene Fläche, die eine ganz eigene Atmosphäre ausstrahlt.

✍ Vom Schneibstein aus kann man die beliebte ›Kleine Reibn‹ gehen. Im Winter mit den Skiern, im Sommer zu Fuß.

MIT MUSKELKRAFT ÜBERN SEE

Schönau am Königssee – Rudern auf dem See

60

Sind Ihre Beine vom Berggehen müde und brauchen Sie ein wenig Ausgleichssport für die Arme? Dann ist eine Ruderfahrt auf dem Königssee genau das Richtige für Sie. So schön es ist, mit dem Elektroboot über den See nach St. Bartholomä zu schippern, was sozusagen zum touristischen Pflichtprogramm gehört, mit dem Ruderboot kommt man dem See noch näher.

In den hölzernen Bootshallen geht es los. Doch um eines klarzustellen, die angeschlagenen 15 Minuten, die es brauchen soll, bis man den freien Blick auf die Wallfahrtskirche hat, sind nur von geübten Ruderern zu schaffen. Auch die Fahrt bis St. Bartholomä sollte man sich gut überlegen, denn sie dauert rund eineinhalb Stunden, ohne Pausen wohlgemerkt und mit konstanter Schlagzahl.

Es ist besser, an Christlieger vorbeizurudern, der einzigen Insel im Königssee. An ihr kann man das Boot festmachen und der Statue des Johannes von Nepomuk Guten Tag sagen. Aber noch hat man Kraft in den Armen und so langsam findet auch der ungeübte Ruderer seinen Rhythmus. Allerdings sollte man auf die Elektroboote aufpassen, denn sie haben immer Vorfahrt.

Der See ist groß genug und hat man endlich die Felsnase der Kreuzelwand umrundet, breitet er sich malerisch vor einem aus. Also für die Mitfahrer, der Ruderer kann erst bei der Heimfahrt den Ausblick genießen, sitzt er doch mit dem Rücken zur Fahrtrichtung. Wie weit man rudern will, bleibt ganz der Oberarmmuskulatur überlassen. Für Ungeübte ist erfahrungsgemäß nach einer Stunde das Limit erreicht und wenn sich die ersten Blasen an den Händen gebildet haben, ist man froh, die Riemen loslassen zu können. Bei schönem Wetter kann man unterhalb des Malerwinkels am Ufer an- und eine Badepause einlegen oder den kleinen Strand beim Königsbachwasserfall ansteuern. Oder einfach im Boot sitzen und die Rundumkulisse genießen.

⌖ Auch am Hintersee in der Ramsau kann man Ruderboote mieten. Der See ist kleiner und überschaubarer. Wer will, kann dort ein Tretboot nehmen.

DAS KREUZ AM GIPFEL
Hoher Göll

Im Berchtesgadener Anzeiger vom 15. Juli 1885 stand über die Aufstellung des Gipfelkreuzes am Hohen Göll zu lesen:
›Samstag Nachts gegen 10 Uhr begaben sich einunddreißig wackere Burschen des Salzberges auf die Eckeralpe, allwo nach kurzer Rast der Aufstieg auf den 2510 Meter hohen Göhl über den Eckerfirst erfolgte. Ein interessantes Bild bot der Anblick, wie sich die steiggewandten Männer mit dem massiv-eisernen Kruzifixe durch die gewaltige Steinwüste und über die steilen schwindelnden Wände und Abgründe fortbewegten.

Die Spitze wurde Morgens 9 Uhr nach 8-stündigem beschwerlichem Marsche glücklich erreicht, das großartig gebotene Panorama zeigte sich stellen- und zeitweise ganz nebelfrei. Das Kreuz wurde in einer aufgebauten Steinpyramide eingesetzt, das Fremdenbuch in eine Nische eingelassen und nach Verrichten einiger Gebete erfolgte der Abstieg gegen das Brett. Es wurde über das große Schneefeld nach Brettaibl abgerutscht und durch breitere Schneegruben das äußerst wilde felsige Thal zwischen Göhl und Brett durchwandert.

Als der steile Abstieg der Brettwand glücklich vollendet war, kam man nach 5-stündiger strenger Tour zur Krautkaseralm und nach Vorderbrand, wo unter fröhlichem Gesang und Tanz die großen Mühen des Tages beschlossen wurden und der Heimmarsch nach den verschiedenen Richtungen des Salzberges erfolgte.‹

Über 100 Jahre stand das von den ›wackeren Burschen‹ hinaufgetragene Kreuz, bis es 2005 einem neuen Gipfelkreuz weichen musste. Dieses wurde anlässlich des 25-jährigen Jubiläums der Ortsgruppe Kuchl des Österreichischen Alpenvereins angefertigt. Hinauf zum Gipfel kam es wesentlich einfacher, denn es wurde mit einem Hubschrauber hinaufgeflogen. Das alte Kreuz hat einen neuen Platz über dem Klettergarten der Alpenvereinssektion Sonneberg im Thüringischen gefunden.

🖎 Geht man über das Purtschellerhaus zum Hohen Göll, dann sollte man sich die gekennzeichnete Landesgrenze quer durch das Haus anschauen.

WARUM GEHEN WIR EIGENTLICH AUF BERGE?
Gipfelglück

Im Grunde genommen ergibt es keinen Sinn. Es ist beschwerlich, mitunter sogar gefährlich, es hat keinen unmittelbaren Nutzen und im Tal zu bleiben ist wesentlich bequemer. Trotzdem zieht es viele immer wieder hinauf auf die Berge, sie streben den felsigen und unwirtlichen Gipfeln zu, nur um dann wieder hinunterzusteigen. Einmal rauf und wieder runter. Irgendwie komisch, oder? Früher wäre es keinem Menschen eingefallen, auf einen Berg zu steigen. Bis zu den Hochalmen, gezwungenermaßen, aber dann war auch schon Schluss. Erst im 19. Jahrhundert fing der Alpinismus an, kletterten und kraxelten die Pioniere mit ihrer einfachen Ausrüstung auf die Gipfel, stießen damit oft genug auf Unverständnis.

Heute scheint es ganz selbstverständlich, sich in der Früh aufzumachen, um einen Berg zu besteigen. Warum also machen wir das? Weil es Spaß macht, ist die einfachste Antwort. Aber wo liegt der Spaß, sich über ein Geröllfeld hinaufzuarbeiten oder über einen ausgesetzten Grat entlangzuhangeln? Schritt für Schritt einen steilen Weg hinaufzugehen, noch dazu mit einem schweren Rucksack hinten drauf? Das soll Spaß machen? Macht es nicht. Es strengt vielmehr teilweise bis zur Erschöpfung an. Was ist also das Schöne daran? Einmal fühlt sich der Körper in Bewegung gut an. Wir sind dafür gebaut, unsere Beine zu gebrauchen und sie zu fordern. Seinen Gehrhythmus gefunden zu haben, bringt trotz aller Anstrengung viel Freude. Beim Gehen bekommt man seinen Kopf auf wunderbare Weise frei, so als würde man viele der kreisenden Gedanken einfach auf dem steilen Weg zurücklassen.

Dann stellt der Gipfel ein Ziel dar, das man sich gesetzt hat und wir erreichen gerne unsere Ziele. Oben am Gipfel anzukommen erfüllt den Wanderer mit Befriedigung. Es liefert ein Erfolgserlebnis, das wir nur durch unseren Körper, unseren Geist und unseren Willen erreicht haben. Wir als Ganzes haben etwas geschafft, was aus unserem Alltag heraussticht. Haben uns vielleicht auch an die Grenzen gebracht und sie ein Stückchen weiter weg geschoben. Am Gipfel zu stehen, macht uns glücklich. Dieses Gefühl kann man nicht kaufen und es lässt sich nicht künstlich erzeugen. Der Ausblick von einem Gipfel, den man mit eigener Kraft erklommen hat, bringt größere Glücksgefühle, als wenn man ihn mit einer Seilbahn erreicht hat.

Apropos Aussicht. Welch ein einmaliges Erlebnis, auf einem Gipfel zu sitzen und weit in die Alpen zu schauen! Von dem hohen Standpunkt aus die Welt zu überblicken, hilft uns, manches wieder in die richtige Perspektive zu rücken. Angesichts der überwältigenden Natur wird man demütig und dankbar. Auch das gehört zum Gipfelglück.

Wobei sich das nicht unbedingt am Gipfel selber einstellen muss. Oft genug kommt es erst beim Hinuntergehen, wenn die schwierigsten Passagen vorbei sind, wenn die Beine fast von selber ins Tal wandern und der Kopf das Erlebte verarbeitet. Dann kann sich plötzlich ein Glücksgefühl einstellen, eine Zufriedenheit mit sich und der Welt, die einen die ganzen Anstrengungen vergessen lassen.

Das Erleben der Natur spielt eine wichtige Rolle. Sich als Teil der Natur zu erfahren, hineinzutauchen in diese besondere Bergwelt, in der selbst auf den felsigsten Gipfeln etwas lebt und etwas wächst. Die Schönheit eines lichten Bergwaldes, die wunderbare Blumenfülle einer Bergwiese, die verschiedenartigen Gesteine bereichern uns. Den Wanderer beeindruckt es, wenn in der Früh eine Herde Gämsen an ihm vorüberzieht, wenn ein Steinbock plötzlich hinter einem Felsen steht oder freche Dohlen nach seiner Brotzeit picken.

Das Erleben der Berge schafft immer wieder Neues, Unerwartetes, nicht nur um uns herum, sondern auch in uns selber. Die Berge fordern uns Menschen heraus. Diese Herausforderung zu bestehen, gibt uns ein gutes Gefühl. Allerdings behält das Gipfelglück einen kleinen Rest an Geheimnis für sich. Dieser entzieht sich einer Beschreibung und wir können ihn kaum in Worte zu fassen. Dieses Geheimnis muss jeder für sich selber entdecken und einen Gipfel – seinen Gipfel – erklimmen.

RASANT DURCH DEN EISKANAL

Schönau am Königssee – Rennbob-Taxi in der Kunsteisbahn

61

Die Kunsteisbahn am Königssee war die erste der Welt und sie gilt heute noch als eine der technisch anspruchsvollsten Bob- und Rodelbahnen. Doch den Adrenalinkick kann sich zwischen Oktober und März jeder holen – im Rennbob-Taxi. Als Kopilot bei der Formel 1 des Wintersports schießt man schnell durch die Bahn und spürt hautnah die enormen Fliehkräfte.

Auch wenn erfahrene Bob-Piloten einen sicher durch die Kurven lotsen, starke Nerven muss man mitbringen, wenn man in den original Viererbob einsteigt. Körperlich fit sein sollte man und einen stabilen Rücken haben. Am Anfang geht es noch wesentlich gemütlicher zu als bei den Profis, denn auf den schwierigen fliegenden Start wird verzichtet. Aber schon in der Teufelsmühle beschleunigt sich die ganze Sache. Der Pilot muss sich konzentrieren, denn die Schlangengrube steht bevor. Das sind vier aufeinanderfolgende Kurven. Wer jetzt noch kein Kribbeln in der Magengegend hat, bekommt es spätestens im nun angesteuerten Turbodrom. Der Kreisel macht eine Drehung um 360 Grad, der Bob fährt praktisch auf der senkrechten Wand.

Der Bob zischt heraus und die Bobpiloten werden im Labyrinth hin und her geschleudert. Drei bis vier G Erdbeschleunigung sind zu bewältigen. An Bewegung ist jetzt nicht mehr zu denken. In der Echowand steigt der Druck auf sechs G, somit wirkt das sechsfache unseres Körpergewichts auf uns. Inzwischen hat der Bob 120 Stundenkilometer erreicht und der Druck ist enorm. Der Kopf hängt zwischen den Knien und wird aufgrund der Fliehkräfte immer schwerer.

Ab der Echowand wird es wieder langsamer, denn es geht bergauf und der Bob wird abgebremst. Man kann den Kopf wieder heben und als strahlender Sieger im Ziel einlaufen. Diese rasante Minute wird man sicher nicht so schnell vergessen.

☎ Es gibt auch ein Kurgästerodeln, bei dem man sich ein wenig wie Rodellegende Georg Hackl fühlen darf. www.wsv-koenigssee.de/kurgastrodeln/

DURCHS MAUSLOCH MUSS SICH JEDER ZWÄNGEN

Kahlersberg

Der Kahlersberg drängt sich nicht vor, er steht nicht in erster Reihe der Berchtesgadener Berge. In sich ruhend, etwas bescheiden trotz seiner Größe will er entdeckt werden. Es ist ein sympathischer Berg, der im Orchester der Berchtesgadener Berge den Bass gibt. Er bleibt gerne ein wenig im Hintergrund und lässt lieber die anderen die erste Geige spielen, doch ohne ihn würde es dem Klang an Tiefe fehlen.

Wandert man zu ihm hinauf, hat man bei entsprechendem Wetter die ganze Zeit einen Blick auf die Watzmann-Ostwand. Hier sieht man erst, wie breit das Watzmannmassiv eigentlich ist. Man kommt an der Enzianbrennhütte vorbei, doch einen Schnaps hat man sich noch längst nicht verdient. Da muss man zuerst noch ein paar Höhenmeter bewältigen. In einer Mulde liegt der Seeleinsee. Doch den hebt man sich für nach dem Abstieg auf. Man biegt vorher rechts ab und kommt zum Zustieg des Kahlersberges. Über große Steine steigt man hinauf, bis man zum sogenannten Mausloch kommt. Die kurze, aber enge Stelle ist mit Seilen gesichert. Das mit der Maus ist vielleicht übertrieben, denn auch ein ausgewachsener Wanderer kommt noch hindurch.

Danach führt der Weg um den Berg herum, knickt einmal scharf nach links ab und bald darauf steht man auf dem 2.350 Meter hohen Gipfelplateau. Der weite Blick von hier oben ist einfach nur traumhaft. Aber das muss man eigentlich in den Berchtesgadener Alpen schon gar nicht mehr extra erwähnen. Dass es aber hier oben viele Steinböcke zu sehen gibt, und dass man dazu nicht einmal großes Glück braucht, hingegen schon. Der Gipfel ist nicht die einzige Attraktion dieser Tour. Denn jetzt kann man hinab zum Seeleinsee steigen. Der Gebirgssee liegt von Bergflanken umgeben und es muss schon sehr heiß sein, dass man sich in seinem kalten Wasser erfrischen möchte. Ein tolles Fotomotiv ist er allemal.

✑   Ein Abstecher hinüber zum Fagstein ist empfehlenswert. Da man sich den Weg hinauf selber suchen muss, wird er selten begangen.

MASSSCHNEIDERIN MARLENE STOCKER /// ARTENREITWEG 1 ///
83471 SCHÖNAU AM KÖNIGSSEE /// 0 86 52 / 6 33 63 ///

KITTEL, PFOAD UND RÖCKI

Schönau am Königssee – Bei der Trachtenschneiderin

62

Stoffballen türmt sich auf Stoffballen. Bis unter die Decke reichen die verschiedenfarbigen Stoffe. Da gibt es schwere Wollstoffe, leichte Baumwollstoffe und teure Seidenstoffe. Manche sind handbedruckt, andere haben ein lustiges Blumenmuster eingewoben. Im Atelier von Marlene Stocker dreht sich alles um die Tracht. In aufwendiger Handarbeit stellt sie ihre maßgeschneiderten Einzelstücke her. Es gibt zwar zwei Nähmaschinen, aber vieles kann die Schneiderin nur nach überlieferter Tradition von Hand herstellen.

Zum Beispiel die sogenannte Garnier, die den Ausschnitt einrahmt. Die Rüschen haben die Form von Herzen oder Muscheln, sind aus Seide gearbeitet und dazu mit kleinen Perlen bestickt. Aber auch der Rock kann nur von Hand gereiht, also am Bund in kleine Falten gelegt werden. Wobei Rock der falsche Ausdruck ist. Kittel heißt das richtig und der ist bei der Berchtesgadener Tracht, dem G'wand, aus Wolle. Über der Pfoad, der weißen Bluse, kommt ein Samtmieder und darüber das Garnierröcki, eine schwarze Jacke mit der Garnier um den Rand. Die Seidenschürze darf natürlich nicht fehlen.

»Ledige Frauen binden sie links, verheiratete rechts und verwitwete hinten«, erklärt die Schneiderin. Den Hut durften auch nur die verheirateten Frauen tragen, denn man hat sie ›unter die Haube‹ gebracht. Der Hut, der Rundscheibling genannt wird, weil er so ausschaut, wie er heißt, wird an den hochgesteckten Zöpfen festgemacht. Will man die Tracht anlegen, so empfiehlt es sich, mindestens zu zweit zu sein. Denn alleine ist das kaum zu schaffen. Einerseits wegen der Zöpfe, die heute nicht immer echt sind, andererseits weil mit Stecknadeln das Tuch am Mieder festgesteckt werden muss und gelegentlich gleich das ganze Mieder am Rock, damit alles in Form bleibt. Kein Wunder also, dass das G'wand nur an hohen Feiertagen getragen wird.

🖎 Im Museum Schloss Adelsheim in Berchtesgaden (Seite 129) gibt es eine interessante Abteilung zum Thema Tracht und ihre Geschichte.

ALTE KÖNIGSSEERSTRASSE /// 83471 SCHÖNAU AM KÖNIGSSEE ///

›Wen Gott liebt, den lässt er fallen in dieses Land.‹ Ludwig Ganghofer sei hier noch einmal mit seinem berühmten Ausspruch über das Berchtesgadener Land zitiert. Doch dasselbe gilt auch andersherum. Die Bewohner des Berchtesgadener Landes sind ihrem Schöpfer sehr zugetan. Darum finden sich an den Bauernhäusern, an den Wegen und Kreuzungen unzählige Marterln, Hauskreuze und Kapellen.

Die Bewohner des Berchtesgadener Landes sind größtenteils katholisch. Die Feste im Jahreskreis der katholischen Kirche nehmen eine wichtige Stellung im öffentlichen Leben ein. Man ist hier mit seinem Herrgott noch eng verbunden. Das zeigt sich auch an den vielen Marterln und Hauskreuzen. Kaum eine Wegkreuzung, an der nicht ein hölzernes Marterl steht. An so manchem Bauernhaus hängt seit Generationen ein geschnitzter Jesus und natürlich bekrönt ein Gipfelkreuz fast alle Berge.

An der Alten Königsseerstraße steht so ein Marterl. Seine Holzschindeln sind grün angemalt und innen ist es in einem kräftigen Rot gehalten. Ein passender Ort vielleicht, ein kleines Dankgebet zu sprechen. Früher dienten die Marterl auch als Orientierungshilfe, um den richtigen Weg zu finden. Gemalte kleine Marterln wurden als Erinnerung an Unfälle oder als Dank für Hilfe und Genesung danach an der Stelle des Geschehens angebracht. Einige dieser Marterln lassen sich am Hochbahnweg zum Jenner hinauf finden. Ihre naive Malerei hat etwas sehr Anrührendes.

Meistens kümmert sich die Bäuerin um das Marterl. Regelmäßig werden frische Blumen eingestellt, die im Winter durch immergrüne Latschenzweige ersetzt werden. Mitunter finden sich auch Plastikblumen, aber darüber wird der Herrgott schon großzügig hinwegsehen. Die Geste und die gute Absicht zählen. Viele der Marterl stehen schon lange Zeit und sie haben es verdient, dass man sie beachtet und nicht einfach an ihnen vorübereilt.

Unterhalb vieler Gipfelkreuze gibt es einen Kasten, in dem sich das Gipfelbuch befindet. Hier verbindet sich das Religiöse mit dem Praktischen.

ALMBACHKLAMM /// KUGELMÜHLWEG 18 ///
83487 MARKTSCHELLENBERG ///

WENN WASSER WILD WIRD

Marktschellenberg – Almbachklamm

64

Das Wasser tobt. Zu eng ist es ihm in der Klamm. Wütend stürzt es sich über die Felskanten, ergießt sich mit mächtigem Getöse in die tiefgrünen Gumpen, den vom Wasser ausgespülten schüsselartigen Vertiefungen. »Platz da«, scheint es zu rufen. Manchmal nimmt es Geröll mit auf seinem Weg nach unten. Damit höhlt es das harte Gestein seines Bettes noch weiter aus. Viele tausend Jahre tut es das schon und hat sich in dieser Zeit tief in die Klamm eingegraben.

Manchmal verkeilt sich ein ganzer Baumstamm zwischen den Felswänden, Geröll staut sich auf, doch das Wasser bekommt alles klein. Es hat Zeit, und wenn ihm etwas im Wege liegt, fließt es einfach drum herum. Damit der Mensch auch noch seinen Platz findet, sind mehr als 320 Stufen, ein Tunnel, 168 Meter Nischenwege und 29 Brücken erforderlich. Von Felswand zu Felswand überspannen die Eisenbrücken die Klamm. Von ihnen hat man einen beeindruckenden Blick auf das Spektakel, das die Wassermassen veranstalten. Die in den Stein gehauenen Nischenwege sind mit Drahtseilen gesichert, denn ausrutschen sollte man besser nicht.

Der Klammweg lockt mit immer neuen Ausblicken in die Schluchten den Besucher bis hinauf zum 114 Meter hohen Sulzer Wasserfall. Manchmal fließt das Wasser still und friedlich in seinem Kiesbett, um sich dann an der nächsten Biegung wieder von seiner ungestümen Seite zu zeigen. Gelegentlich sollte man aber seinen Blick nach rechts und links schweifen lassen. Sitzt dort nicht gar ein Feuersalamander? Und sind das nicht kleine Glockenblumen, die an der Felswand blühen? Verschiedene Standorte, von feucht, kühl und felsig bis zu sonnigen Hängen sorgen in der Klamm für eine breite Artenvielfalt. Da der Almbach auf 1.900 Metern entspringt, bringt er von dort Samen mit, schwemmt sie in die tieferen Bereiche und schafft so eine ungewöhnliche Mischung an Alpenblumen.

Oberhalb der Theresienklause liegt im Wald etwas versteckt die Untersbergquelle. Manche schreiben dem Quellwasser eine heilende Wirkung zu.

MESNERWIRT ETTENBERG /// VORDERETTENBERG 9 ///
83487 MARKTSCHELLENBERG /// 0 86 50 / 2 45 ///
WWW.ETTENBERG.DE ///

EIN BILD SUCHT SICH SEINEN PLATZ

Marktschellenberg – Wallfahrtskirche Ettenberg

65

Eines Morgens hing das Marienbild an der Linde auf dem Ettenberg. Man dachte zuerst an einen Streich eines übermütigen Burschen, denn normalerweise gehörte es an einen Hof im etwas entfernt liegenden Unterettenberg. Also nahm man es ab und hängte es an seinem angestammten Platz wieder auf. Umso größer war das Erstaunen, als es sich kurz darauf wieder an genau derselben Linde befand.

Schnell sprach es sich herum und die Ettenberger Bauern kamen zusammen und betrachteten das Marienbild an dem Baum. Keiner konnte berichten, wie es wieder dorthin gekommen war. Die paar jungen Burschen, denen man einen solchen unheiligen Schabernack zugetraut hätte, wurden eindringlich befragt, doch sie beteuerten ihre Unschuld. Es musste ein Wunder sein, war man sich bald einig. Das Gnadenbild hatte sich seinen eigenen Platz gesucht.

Die Kunde verbreitete sich durch das Tal und über die Grenzen der Propstei hinaus. Der Zulauf war groß und von zahlreichen erhörten Gebeten wurde berichtet, was die Zahl der Wallfahrer nochmals anstiegen ließ. Ganze 8.000 Gläubige pilgerten 1698 zu dem Bild, so will es die Legende. Gesichert ist, dass um diese Zeit eine etwas größere Holzkapelle zum Schutz des Bildes auf dem Ettenberg gebaut wurde. Die heutige Wallfahrtskapelle Mariä Heimsuchung erhielt ihre Weihe 1727. Nur von einigen Höfen umgeben, liegt sie inmitten von Wiesen, mit dem Untersberg im Rücken und einem weiten Blick in die Berge nach vorne. Ihre spätbarocke Ausstattung mit den Stuckarbeiten und dem Deckengemälde ist wunderbar verspielt.

Beachten Sie die überlebensgroße Figur des Heiligen Christophorus auf der Empore. Etwas kurios scheint der große Bombensplitter, der rechts neben dem Altar angebracht wurde. Beim Luftangriff der Amerikaner auf den Obersalzberg 1945 verfehlten einige Bomben ihr Ziel und schlugen auf dem Ettenberg ein.

    Man kann durch die Almbachklamm nach Ettenberg aufsteigen, um anschließend beim Mesnerwirt neben der Kirche gutbürgerlich einzukehren.

GEFRORENE KUNSTWERKE IM EISKELLER

Marktschellenberg – Schellenberger Eishöhle

66

Schnell mal die Eishöhle besuchen geht nicht. Denn ihr Eingang liegt auf 1.570 Metern und dort hinauf muss man zuerst kommen. Vor dem Eis steht der Schweiß, um es mal knapp zu formulieren. Der Weg ist gut ausgebaut und an seinem Ende steht die bewirtschaftete Toni-Lenz-Hütte. Auf ihrer Terrasse lässt es sich gut sitzen und Aussicht und Brotzeit genießen.

Hinter der Hütte führt der Weg hinüber zur Eishöhle. Am Sammelplatz bekommt jeder vom Höhlenführer einen Schutzhelm und dann steigt man über einen riesigen Schneehaufen hinab zum Höhleneingang. Holzplanken liegen darüber und eine Wendeltreppe führt in das kalte Reich. Kalt ist es wirklich, um die 0°C, deswegen sollte man unbedingt warme Kleidung mitnehmen.

Die Besucher machen also das, was die kalte Luft auch macht – sie gehen nach unten. Anders als die Besucher bleibt aber die kalte Luft auch dort. In der Sackhöhle ist sie gefangen, sie kann nicht entweichen und lässt auch keine warme Luft mehr hinein. Es hat sich ein Eiskeller gebildet, in dem nun jedes eindringende Wasser gefriert. Schicht um Schicht baut sich das klare Eis auf. Beeindruckend ist es im Schein der Karbidlampen zu sehen.

Elektrischen Strom gibt es hier oben nicht und mit den alten Bergwerkslampen lassen sich am einfachsten die Wunder der Eishöhle zeigen. Besonders wenn die Führer die kalte Pracht mit Magnesium erstrahlen lassen, verschlägt es einem den kalten Atem.

Mit ihren 60.000 Kubikmetern gefrorenen Wassers ist es die größte Eishöhle Deutschlands. Es ist eine fremde Welt, in die man hier eintaucht. Die geschwungenen Wände scheinen, als wären sie von einem Künstler geformt. Am Ende der Führung geht es für die Besucher wieder hinaus an die Sonne, nur die kalte Luft bleibt zurück und vollbringt weiter ihr eisiges Werk.

✍ Man kann mit der Untersbergseilbahn zur Bergstation fahren und von dort über einen nicht ganz einfachen Steig zur Eishöhle gelangen.

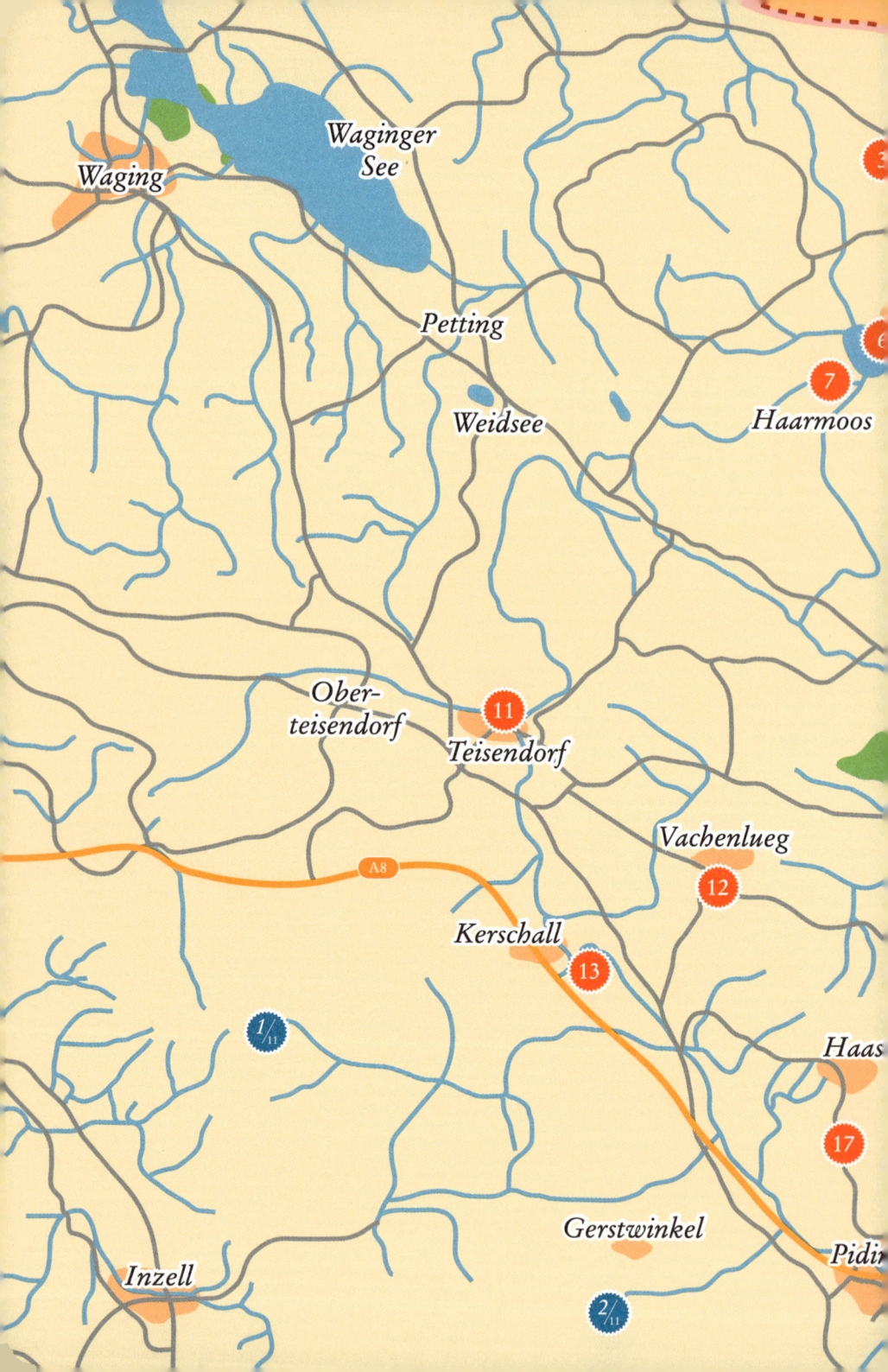

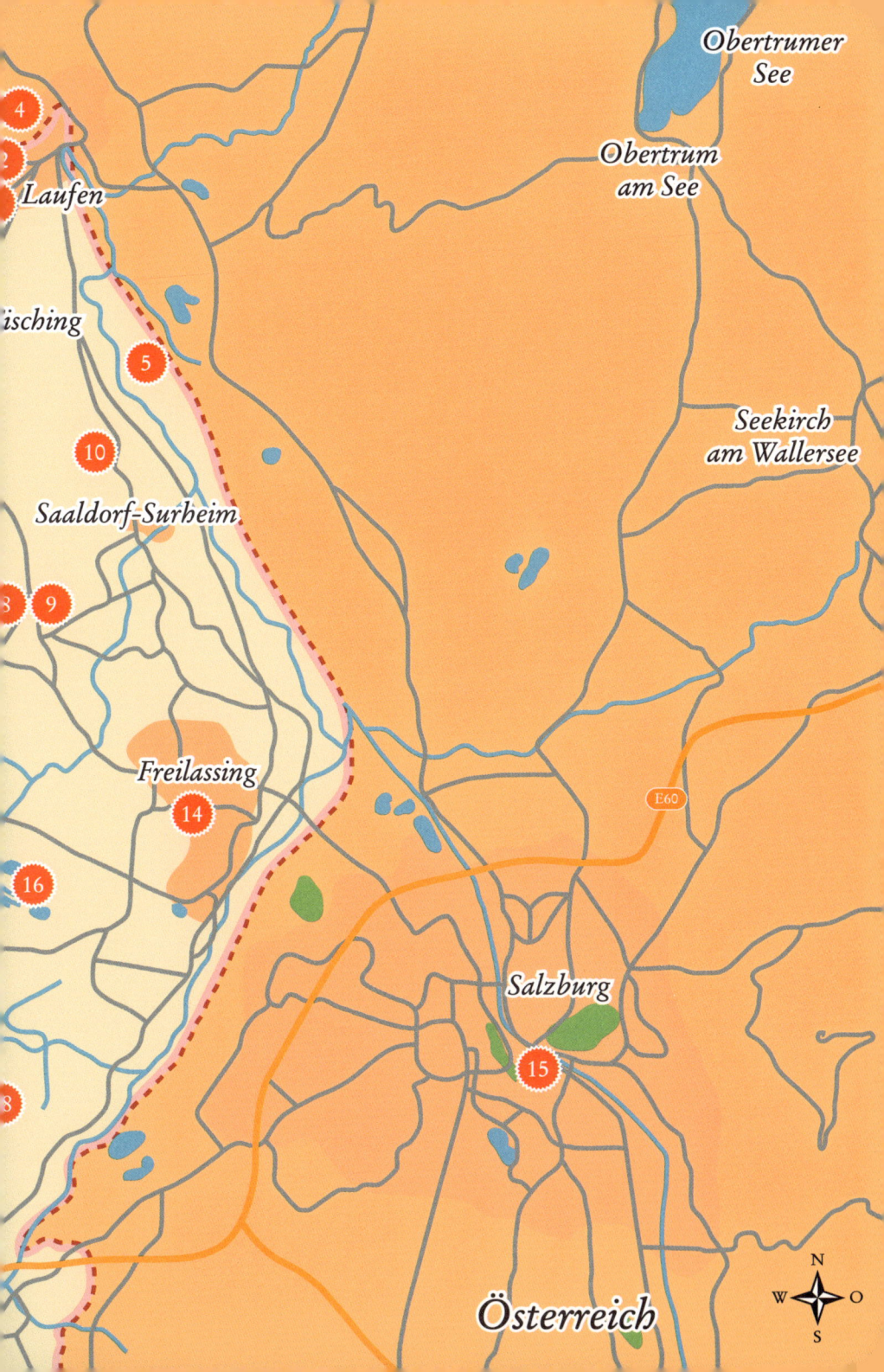

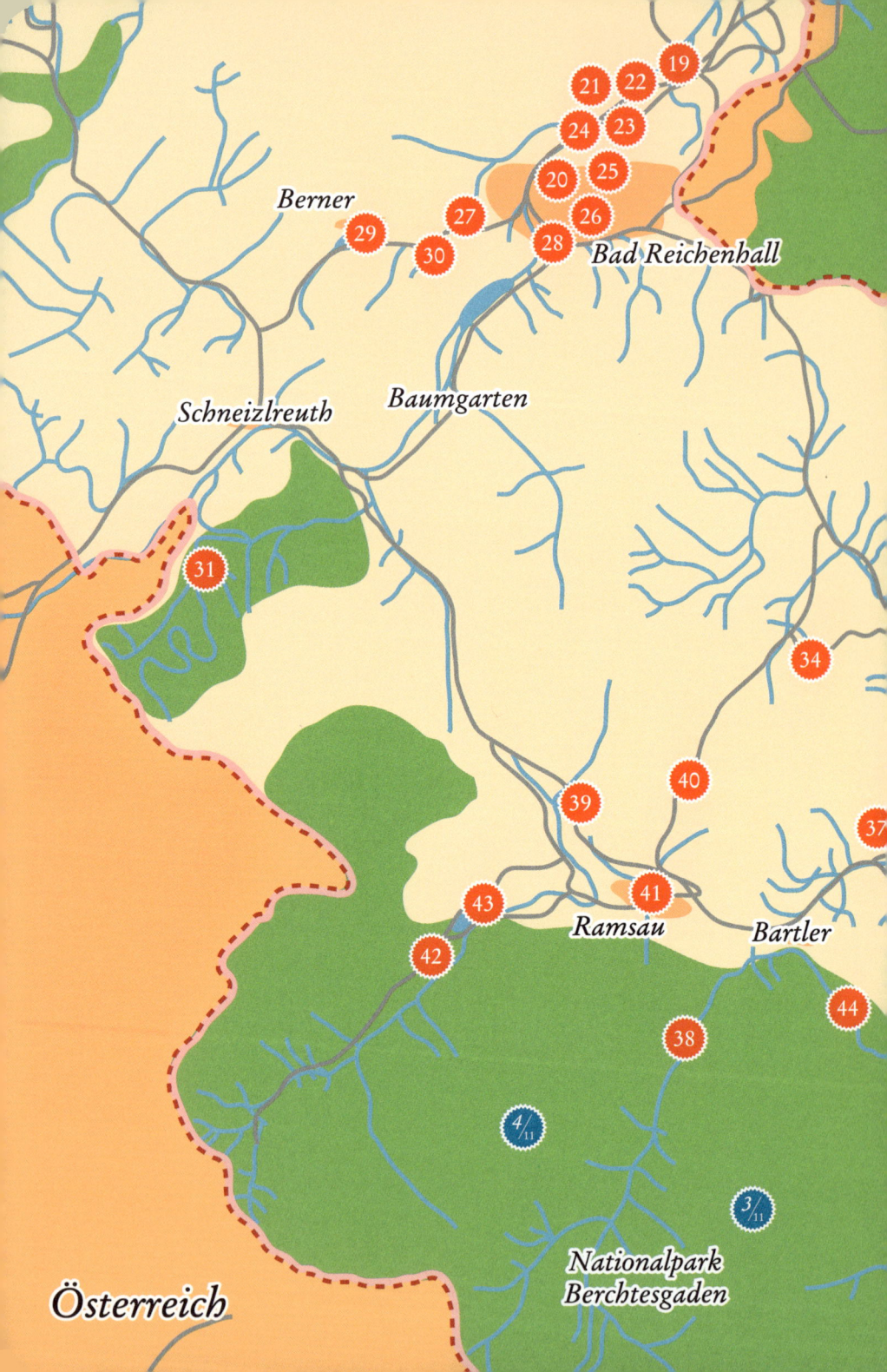

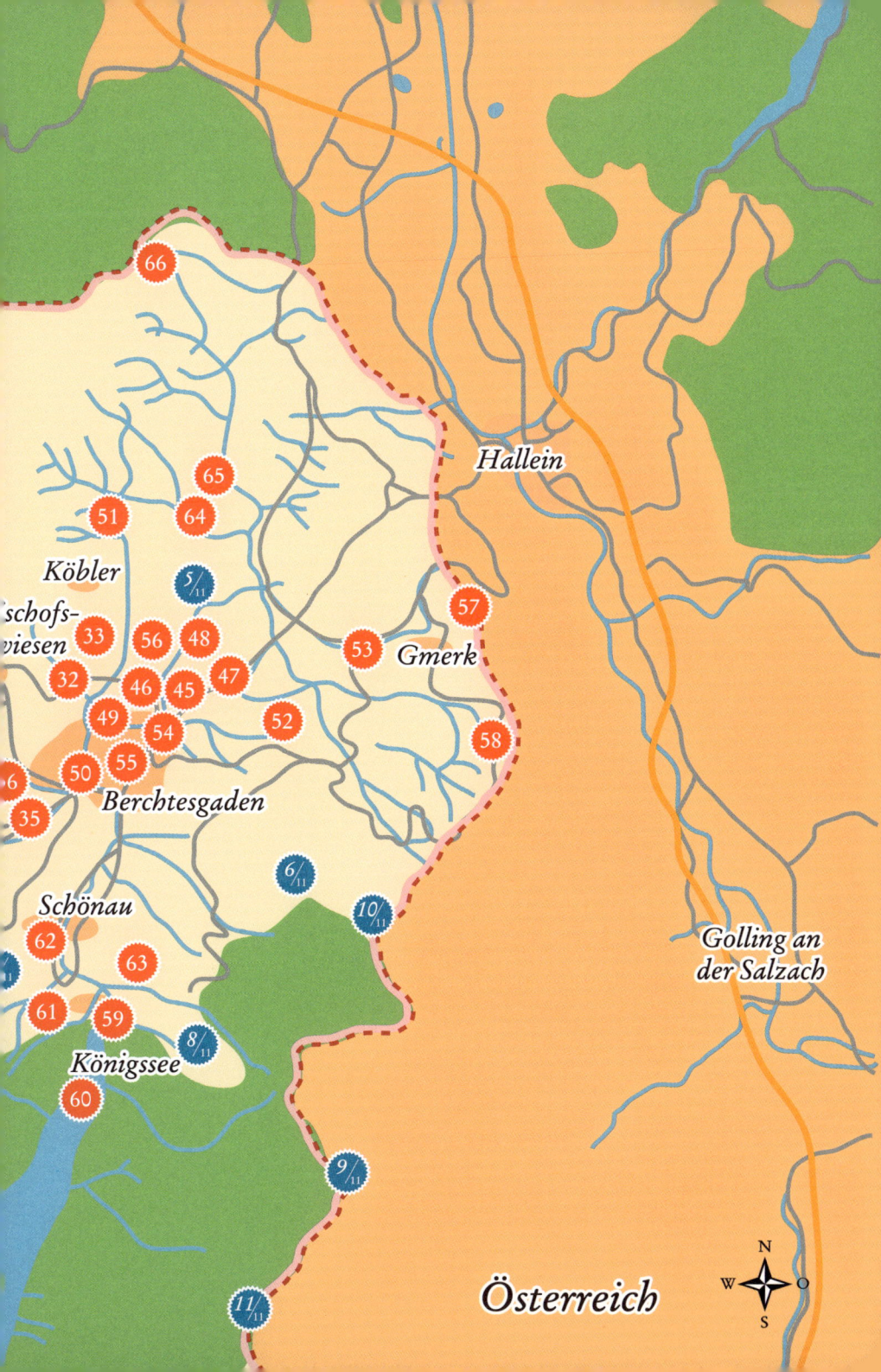

REGISTER

Abtsdorfer See 25, 27

Adventmarkt Berchtesgaden 151

Ainringer Moos 49

Almbachklamm 179

Alte Saline Bad Reichenhall 57

Anger 39 – 41

Aperschnalzen 31

Aschauer Klamm 83

Aschauerweiher 89, 91

Bachmannkapelle Bischofswiesen 101

Bad Reichenhall 55 – 81

Bad Reichenhaller Philharmonie
59, 63, 79

Barbarossa 86

Bauernmarkt Berchtesgaden 131

Bauerntheater Berchtesgaden 149

Berchtesgaden 95, 99, 121 – 145,
149 – 157

Bergsteigerhaus Ganz, Bischofswiesen 95

Bergahorn Ramsau 107

Bischofswiesen 89 – 95, 99 – 101

Blaueishütte 111

Brauerei Wieninger Teisendorf 37

Buttnmanndl 99

Café Reber Bad Reichenhall 69

Carl-von-Stahl-Haus 163

Deutsche Alpenstraße 157

Dokumentation Obersalzberg
136 – 139

Effner, Carl von 59

Ettenberg, Wallfahrtskirche 181

Europasteg Laufen 19

Evangelische Stadtkirche Bad
Reichenhall 67

Florianiplatz Bad Reichenhall 73

Freilassing 45

Ganghofer, Ludwig 10, 136, 177

Gradierwerk Bad Reichenhall
59, 61

Grünstein 147

Gärtner, Friedrich von 57

Götschen 93

Haarmoos 27

Haus der Berge Berchtesgaden
133

Hammerstiel 103, 147

Högl 51

Höglwörther See 41

Hintersee 117

Hirscheckblitz, Ramsau 109

Hitler, Adolf 136 – 139, 143

Hocheck 103

Hochkalter 105, 111, 125

Hochschwarzeck 109

Hochstaufen 71

Hoher Göll 125, 167

Huberbuam 81

Jenner 159, 163

Johannishögl 53

Karlstein, Klettergebiet 81

Kahlersberg 173

Kehlstein 125, 143

Klausbachtal 111, 115

Klettern 81, 95

Kneifelspitze 125

Königliches Schloss Berchtesgaden 129
Königssee 125, 147, 159, 161, 165, 171
Kreuzgang Berchtesgaden 121, 123
Kunsteisbahn Schönau 171
Kurgarten Bad Reichenhall 59, 63
Laufen 15 – 23
Lokwelt Freilassing 45
Ludwig I. (König von Bayern) 57
Malerweg Ramsau 117
Maria Gern 125, 135
Marienplatz Laufen 15
Marktschellenberg 179, 181, 183
Mozart, Wolfgang Amadeus 23, 47, 63, 69
Märchenpfad Bischofswiesen 91
Museum Schloss Adelsheim 129, 175
Nationalpark Berchtesgaden 105, 115, 133
Oberndorf 19, 21
Obersalzberg 136 – 139, 143
Philharmonie Bad Reichenhall 63
Piding 51, 53
Predigtstuhlbahn Bad Reichenhall 77
Purtschellerhaus 167
Rabenwand Schönau 161
Ramsau 105 – 109, 113 – 119, 165
Reiteralpe 113
Roßfeldpanoramastraße 157

Rottmayr, Johann Michael 17
Rupertigau 39
Saaldorf-Surheim 25 – 33
Salzach 15, 17, 19, 23
Salzbergwerk Berchtesgaden 127
Salzburg 43, 47, 53, 86
Schapbachalm Ramsau 119
Schellenberger Eishöhle 183
Schloss Adelsheim 129
Schloss Triebenbach 23
Schneibstein 163
Schönau am Königssee 161, 165, 171, 175, 177
Seeleinsee 173
St. Bartholomä am Königssee 165
St. Sebastian Ramsau 113
St. Zeno Bad Reichenhall 55
Stiftskirche Laufen 17
Stille-Nacht-Kapelle Oberndorf 21
Teisenberg 43
Teisendorf 37
Thumsee 63, 79
Toni-Lenz-Hütte 183
Untersberg 53, 71, 84 – 87, 125, 135 –136, 155, 183
Untersbergquelle 179
Vachenlueg, Wallfahrtskapelle 39
Wandern 96 – 97, 168 – 169
Watzmann 53, 101, 103, 105, 119, 147, 173
Wimbachgries 105
Wittelsbacher 123

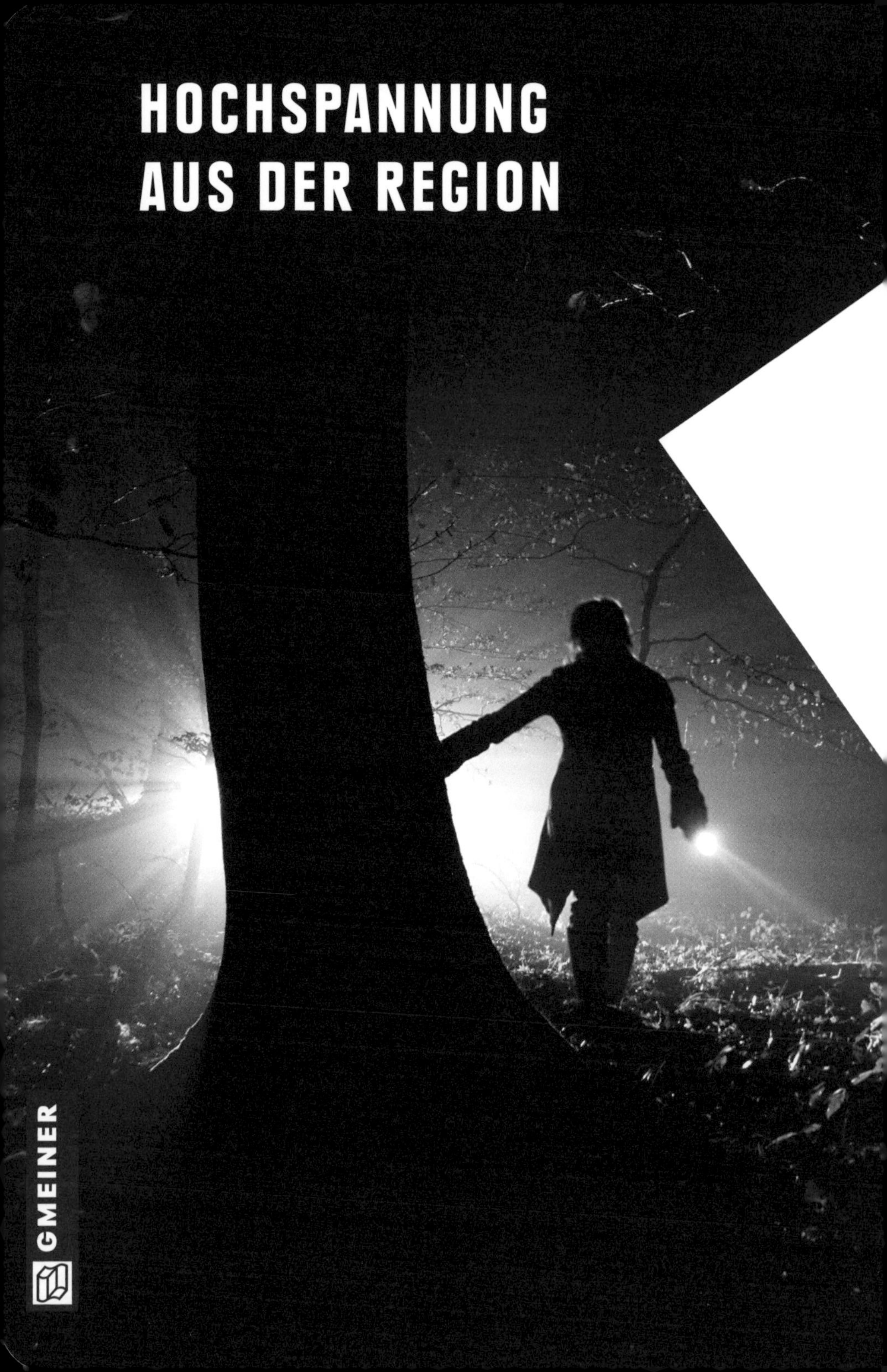
HOCHSPANNUNG
AUS DER REGION
GMEINER

»Ein Krimi aus der Festspielstadt Salzburg.
Kommissar Merana ermittelt.«

»Der Hölle Rache kocht in meinem Herzen …«
singt Anabella Todorova als Königin der Nacht
in Mozarts Zauberflöte bei der Opernpremiere
der Salzburger Festspiele. Doch sie bricht mitten
in der Arie tot zusammen. Herzversagen? Unfall?
Mord? Martin Merana beginnt im Umfeld der
Festspiele zu ermitteln und staunt: Es bahnt sich
ein Skandal um gefälschte Meistergeigen an und
Papageno-treue Vogelfänger und wutentbrannte
Tierschützer befehden sich. Hat der Tod der Sängerin mit diesen Vorfällen zu tun?

Manfred Baumann
Zauberflötenrache
978-3-8392-1302-5

ENTDECKEN SIE WEITERE LIEBLINGSPLÄTZE!

Liebevoll ausgestattete Reiselesebücher mit individuellen Tipps,
die Lust aufs Entdecken und mehr machen.

ISBN 978-3-8392-1166-3

ISBN 978-3-8392-1357-5

ISBN 978-3-8392-1255-4

ISBN 978-3-8392-1365-0

ISBN 978-3-8392-1170-0

ISBN 978-3-8392-1283-7